一流アスリートがこぞって実践する

最強の走り方

スプリントコーチ
秋本真吾

徳間書店

プロローグ

足が速くなりたい、すべての人へ──

　みなさんは全力で走っている自分のフォームを見たことはありますか?

速く走る。それは、上半身を前に傾け、足を前に出し、地面を強く蹴る！　そんなイメージはありませんか？

　まさにイラストのような走り方。

　実はこれ、私が指導してきたプロのスポーツ選手の全力で走るシーンをイラスト化したものです。一流アスリートだけではありません。小学生の子どもたちにも非常に多い走り方なのです。

　さて、この走り方はそもそも速く走ることができるのでしょうか？

　はじめまして、スプリントコーチの秋本真吾です。2012年までは400メートルハードルの陸上選手として活動し、2013年からはプロ野球球団選手、Ｊリーグクラブ所属選手、なでしこリーグ所属選手、アメリカンフットボール選手、ラグビー選手など300名以上の一流アスリートに走り方の指導をしてきました。

　もともと陸上の専門家だった私にとって、他競技のアスリートへの指導は発見の連続でした。どんな部分を改善

すれば良いのか、どうすれば正しく伝わるのか。

　試行錯誤を繰り返しながら作り上げてきた「**すべての人の足を速くする理論**」をまとめたのが、この本になります。

　第1章では、スプリントコーチになったきっかけや、実際にどんなことをやっているのかという話をしています。

　第2章では、多くの人が知っているようで知らない、スプリントのメカニズムについて詳しく解説しています。この本の核となる部分です。

　第3章では、間違った走りによって引き起こされる怪我のリスクと予防策を説明しています。

　第4章と第5章では、野球とサッカーでそれぞれのスポーツの動きに合わせた走りを紹介しています。

　巻末には、私が個人指導しているプロ野球選手の内川聖一選手、プロサッカー選手の宇賀神友弥選手と走りについて語り合った座談会、さらには写真付きで本書の中に出てくるトレーニングも載せています。

「足の速さなんて、生まれつきでしょ?」
「私は鈍足だから、頑張っても速くなるはずがない!」
「一流アスリートだから、できるんでしょ?」

　そんなふうに思っている人も多いかもしれません。ですが、そんな方々に対してこそ、声を大にして言います。
　正しい走りを学び、実践すれば、誰でも速くなります。

　さぁ、みなさんの走りに革命を起こしましょう!

| 一流アスリートがこぞって実践する
最強の走り方

プロローグ ……… 2
目次 ……… 6

CHAPTER 1

スプリントコーチとは？

1-1 　職業・スプリントコーチ ……… 12

1-2 　一流アスリートでも伸びしろだらけ ……… 17

1-3 　野球選手やサッカー選手にどう伝えるか ……… 22

CHAPTER 2

最速のメカニズム

2-1 　スピードには絶対的な方程式がある ……… 28

2-2 　「足を上げろ」「腕を振れ」は迷信？ ……… 35

2-3 　9割のサッカー選手が走りを間違えている ……… 38

2-4 　走りはジャンプの連続 ……… 45

CHAPTER 3

走りの誤解を解く

3-1 "自爆系の怪我"肉離れはなぜ起こるのか ……… 56

3-2 怪我をしやすい走り方とは? ……… 62

3-3 1%のトップランナーたちがやっていること ……… 66

3-4 怪我を防ぐためにするべきこと ……… 72

CHAPTER 4

野球に必要な走り方

4-1 野球選手の肉離れはなぜ多発するのか? ……… 76

4-2 阪神で「走塁革命」が起こった理由 ……… 81

4-3 初速を高めるためのトレーニングとは? ……… 86

4-4 盗塁の成功は「1歩目」で決まる ……… 90

4-5 野球選手と陸上選手の走りは何が違う? ……… 94

CHAPTER 5

サッカーに必要な走り方

5-1	足が速い選手には理由がある ……… 100
5-2	スプリント回数と走行距離の相関関係 ……… 104
5-3	サッカーのためのトレーニングとは？ ……… 110
5-4	パワーポジションで構える ……… 110

特別鼎談

スプリントコーチ　　　プロ野球選手　　　プロサッカー選手
秋本真吾 × 内川聖一 × 宇賀神友弥
走法革命 ……… 118

SPRINT TRANING

"最走"トレーニングメソッド

① 正しい姿勢 ……… 140
② 正しいフォーム ……… 140
③ ハードルまたぎ ……… 141
④ けんけん ……… 141
⑤ なわとび ……… 142
⑥ 前進ジャンプ ……… 143
⑦ マーク走 ……… 144
⑧ 牽引走／野球アレンジ ……… 145
⑨ ボール競争 ……… 146
⑩ 1対1反転 ……… 147
⑪ 1対1方向転換 ……… 147
⑫ 筋トレ　仰向け ……… 148
⑬ 筋トレ　両もも上げ ……… 148
⑭ 筋トレ　シットアップベンチ ……… 149

エピローグ ……… 150

CHAPTER 1

スプリントコーチとは？

職業・スプリントコーチ

　私の職業名は「スプリントコーチ」といいます。
　その内容は、子どもたちから一流アスリートまで、走ることに特化した指導を行うことです。

　そんな仕事があるのか、と思う人もいるかもしれません。実を言うと、数年前まではありませんでした。私が名乗り始めるまでは──。

　そもそも「スプリント」とはどういう意味でしょうか。広辞苑（岩波書店）で調べると、こう書いてあります。

　＜競争・競泳・スピード-スケートなどで、短距離を全力疾走あるいは力泳する瞬発力のこと。また、その競技＞
　サッカーのJリーグでは、2015年に選手の走行距離などを映像から数値化する「トラッキングデータシステム」を導入しました。そのデータには「スプリント回数」という項目があります。時速24キロメートル以上（100メートルを15秒、50メートルを7秒5）で走った回数を指します。

「**スプリント**」には「**速さ**」という概念があります。

ランニングコーチといわれる方は、世の中に多く存在します。ですが、その多くがマラソンなど長距離走をコーチングする領域という印象がありました。

私は現役時代に短距離ハードルを専門としてきました。その経験をコーチとして伝えることができるのは「**速く走る**」という分野でした。

ないのならば、つくろう。それが私の「**スプリントコーチ**」としてのスタートでした。

私は30歳で現役選手を引退するまで、陸上選手として競技に自分のすべてを注いできました。専門種目は400メートルハードルで、高校1年生から8年連続で自己ベストを更新し続け、オリンピック強化選手にも選んでもらいました。

自分はどこまでも速くなれる。そう信じて疑っていませんでした。しかし、あるときを境に、走りの感覚が狂い出しました。試合に出てもタイムは伸びず、自己ベストからは程遠い結果しか出ません。

陸上選手になって以来、初めてのスランプでした。

決してサボっていたわけではありません。毎日練習をして、毎日頑張っているという自覚もありました。しかし、まったく速くならない。なぜなのだと、もがき苦しみました。

　スランプを脱出するきっかけになったのは、当時、同じチームに所属し、私と同じ種目の400メートルハードルで、世界陸上競技選手権大会、いわゆる世界陸上で二度の銅メダルを獲得した為末大さんからの一言でした。

「秋本、腰が動いているぞ」

　ビデオで自分たちのフォームを分析していたら、「腰が動いている」と指摘を受けたのです。率直な感想は「何を言っているのだろう？」ということでした。走るときに、腰をわざわざ動かそうとするはずはありません。
「動いてないですよ！」
「いや、動いているよ！」
　そんなやりとりがあってから、自分のフォームを撮影した動画を見てみると、そこに映っていたのは"自分ではない誰かの走り"でした。
　自分のイメージと実際の走りに大きなズレが生じていたのです。

本気で練習していればタイムは速くなる。そう信じてやってきました。実際にタイムも伸びていました。

　しかし、自分がやっていたのは、毎日のトレーニングをただ全力で頑張っているだけでした。うまくいかなくなったときに、自分が立ち返るべき「走り方」をもっていなかったのです。毎日トレーニングはやっている、なのに足が速くならない。走り方がズレている状態に気づかずに、さらにトレーニングを行う。

　結局、この矛盾に気づくまでに3年かかりました。

　ただ量をこなすのではなく、正しい走り方を身につけなければいけない。

　それからはトレーニングのときには、必ず自分の走り方の動画を撮影し、分析を重ねました。何度もスローで見ては、気になることをメモし、改善ポイントを洗い出していきました。

　最初は暗いトンネルの中を歩いているようでした。これは正解なのか、本当に速くなるのか。

　そのなかでたどり着いたのが、「つま先からの着地」と「まっすぐな姿勢を保つこと」でした。この2つを意識するようになると、自分の走りが変わってきたのです。

つま先からの着地を意識して走ったあとは、ふくらはぎや足の裏がひどい筋肉痛になって、まともに歩けなくなりました。
　つまり、ふくらはぎや足の裏の筋肉を使えていなかったのです。走り続けていくうちに、同じトレーニングをしても筋肉痛になりにくくなりました。着地が安定して、坂を下っているような感覚になっていきました。だんだんとふくらはぎの筋肉が強化されていくのがわかりました。

　まずは100メートルから始めて、だんだん距離を伸ばしていきました。5カ月後には、それまではどんなに頑張っても11秒を切るのがやっとだった100メートルのタイムが、10秒44にまで縮まりました。そして、専門種目である400メートルハードルでも過去最高の成績を残すことができました。

　2012年6月、30歳で競技に区切りをつけたときに、自分のなかにはある思いが芽生えました。
　今までは「自分の足を速くすること」にこだわって生きてきた。第二の人生では「人の足を速くすること」に自分の力を注ぎたい。
　そう思うようになったのです。

一流アスリートでも伸びしろだらけ

　引退したあと、すぐにスプリントコーチになろうと思っていたわけではありません。陸上選手のセカンドキャリアに多い、教員か大学の陸上部のコーチになるだろうなとぼんやり考えていました。

　そんな私がまだ現役選手だったときです。

　オリックスバファローズから「走り方を教えてほしい」という話が舞い込みました。当時、オリックスは盗塁成功率がプロ野球12球団の中で一番低かった。そこで走りを教えてくれる人を探していたのです。

　プロ野球の選手たちは、ものすごい競争率を勝ち抜いて、プロになっています。子どもの頃から"神童"と呼ばれるような身体能力の持ち主が、プロの環境でずっとトレーニングをしている。そんな一流アスリートに何を教えられるのか、最初は半信半疑でした。

　ところが、関西にある練習場で指導をしたところ、衝撃を受けます。私たち陸上選手が日頃当たり前にやっている走るトレーニングを、プロ野球選手たちはまったく知らな

かったのです。「こんなの教わったことがない、楽しい!」と目の色が変わっていくのを目の当たりにしました。

たった1時間の練習でしたが、6名の選手が参加して、50メートルのタイムが平均で0.4秒縮まりました。

これは面白いかもしれない――。

一流アスリートは、その道を極めたスペシャリストです。しかしながら、走りに関しては、伸びしろしかないという印象でした。

野球選手は特に自分の動きを修正する能力が高く、短時間の指導で確実にフォームが修正され、タイムも良くなっていきました。

私たち陸上選手は速く走ることを毎日追求しているので、どうすれば速く走れるかというレシピがわかります。だから、できるだけそれをシンプルに選手に伝えることを意識しただけで、彼らはすぐに速く走れるようになっていったのです。

陸上経験者でほかのスポーツ選手に走りを教えている人は、当時ほとんどいませんでした。

自分が今まで培ってきた陸上選手としてのメソッドを、ほかのスポーツと掛け合わせれば、とんでもない化学反

応が起こせるのではないかと考えたのです。

　私は100メートルを9秒台で走っていないので、9秒台の選手の育て方はわかりません。為末大さんを超えるようなハードラーを誕生させる方法もわかりません。
　しかし、100メートルを10秒台では走っていたので、どうすれば10秒台にできるかは伝えられます。サッカー選手で「足が速い」とされている選手でも、10秒台で走れる選手はそうそういません。

　ゴールキーパー以外のフィールドプレーヤー10人が、全員10秒台で走れるようになったら、ワールドカップで優勝できるのではないか。
　どんなに強い肩のキャッチャーが相手でも、100％盗塁できる選手を生み出すことができるのではないか。
　指導をしながら、ワクワクする感覚を覚えました。現役時代、結果が出たときに感じたあの感覚を、競技人生を終えて、引退してから味わうことができるとは思ってもみませんでした。

　その後、Jリーグの選手からも指導の依頼を受けましたが、リアクションは野球選手とまったく同じでした。

「こんなの教わったことがない、楽しい！」

トップまで上り詰めるアスリートは、学ぶ意欲が高い人ばかりです。評判がクチコミで広まって、指導をする回数、人数はどんどん増えていきました。

走ることは、**あらゆるスポーツの基本**です。しかし、陸上以外のスポーツをやっている選手のほとんどは、走ることをしっかりと教わっていません。

足が速いと言われていても、自分がどうして速く走れているのかを理論的に説明できる選手は少ないのです。

サッカー選手でいえば、足が速い選手はスピードを武器にしますが、足が遅い選手はスピードでは勝てないからと諦めて、技術を磨くことにこだわるようになっていきます。

正直、足の速さには先天的な能力やセンスが関係します。ただし、今の自分よりも速くすることは、すべての人にできる。その選手が本来持っているポテンシャルを最大限に引き出すお手伝いをしたいと、常に考えています。

スプリントコーチとして活動を開始してから、5年間で指導したアスリートは、野球が6球団146名、サッカーが32クラブ190名を数えます。

秋本真吾が指導した主なチームとアスリート

(所属先は 2019 年 1 月時点)

チーム

阪神タイガース	日テレ・ベレーザ
オリックス・バファローズ	INAC 神戸レオネッサ
大分トリニータ	浦和レッズレディース

野球

内川聖一（福岡ソフトバンクホークス）	吉田 裕太（千葉ロッテマリーンズ）
上林誠知（福岡ソフトバンクホークス）	荻野貴司（千葉ロッテマリーンズ）
茶谷健太（千葉ロッテマリーンズ）	

サッカー

槙野智章（浦和レッドダイヤモンズ）	菊地直哉（アビスパ福岡）
宇賀神友弥（浦和レッドダイヤモンズ）	福森晃斗（コンサドーレ札幌）
荻原拓也（浦和レッドダイヤモンズ）	町田浩樹（鹿島アントラーズ）
橋岡大樹（浦和レッドダイヤモンズ）	那須大亮（ヴィッセル神戸）
森脇良太（浦和レッドダイヤモンズ）	加賀健一（モンテディオ山形）
李忠成（横浜 F・マリノス）	平川怜（FC 東京）
谷口彰悟（川崎フロンターレ）	橋本拳人（FC 東京）
大島僚太（川崎フロンターレ）	梅崎司（湘南ベルマーレ）
小林悠（川崎フロンターレ）	ハン グギョン（江原 FC）
長谷川竜也（川崎フロンターレ）	川又堅碁（ジュビロ磐田）
ク ジャチョル（FC アウクスブルク）	小川航基（ジュビロ磐田）
オ ジェソク（ガンバ大阪）	太田吉彰（ジュビロ磐田）
小野瀬康介（ガンバ大阪）	大久保嘉人（ジュビロ磐田）
田中達也（ガンバ大阪）	武藤嘉紀（ニューカスル・ユナイテッド FC）
都倉賢（セレッソ大阪）	関根貴大（K シント＝トロイデン VV）
稲本潤一（SC 相模原）	増嶋竜也（ジェフ千葉）

野球選手やサッカー選手にどう伝えるか

　ほかのスポーツから指導を依頼されたとき、最初に行うのが、その選手の走る動作をチェックする作業です。

　その選手が出ている試合をチェックして、「どんな走りをしているのか」を見ます。スタジアムに足を運んで見ることもあれば、テレビやオンデマンドで見ることもあります。スタジアムであればボールに関わっていないところも確認できますし、オンデマンドであれば多くの試合をチェックできます。

　スプリントコーチとして指導を始めた当初は、指導している、していないに関係なく、暇があれば野球やサッカーなどを見ていました。そうすると次第に「この選手は足が速いけれど怪我をするんじゃないか」「後半、足が攣るだろうな」というのがわかってきました。

　足が速い選手と、足が遅い選手。怪我をしづらい選手と、怪我をしやすい選手。どんな違いがあると思いますか？

もっともわかりやすいのは、その選手の足の着地を見ることです。地面に足がドンと着いたときに、足のどこで地面に着いているか。陸上選手は、もっとも地面に力が加わる場所で一歩目を踏みつけています。それによって、地面からの反発を生かしてスムーズに加速しています。

　野球選手やサッカー選手の場合は、まったく力が入らない場所で着地してしまっている人が圧倒的に多く見られます。
　着地の場所が間違っていると、筋力だけで体を前に進ませようとするので、スムーズに加速できません。また、余分な負荷が筋肉にかかるわけですから、怪我のリスクも非常に高くなります。

　私が指導している槙野智章選手の例です。日本人選手のなかではトップクラスのスピードをもっていると言われていましたが、最初に見たときには「まだまだ速くなるな」というのが正直な感想でした。

　たとえるならば、燃費の悪い車を走らせているようなものでした。本人も「試合終盤になると疲れてスピードが落ちる」と感じていました。ですが、効率の良い走り方をす

るように改善を重ねた結果、槙野選手は1試合を通して安定感のあるパフォーマンスを出せるようになっていきます。

　陸上競技以外のアスリートに指導をする際に気をつけているのが、**伝え方**です。
　たとえば、陸上経験者は「軸」とか「重心」と言えば、ニュアンスでなんとなく伝わります。しかし、ほかの競技の選手に同じように言っても伝わりません。「このくらいは知っているでしょ?」という先入観を捨てて、誰にでも伝わるようにかみ砕いた表現を使うようにしました。

　かけっこ教室で幼稚園生や小学生に指導するときでも、プロアスリートに初めて指導するときでも、基本的には同じように話をします。
　子どもたちに伝わる表現は大人にも伝わるからです。

　指導の際に私が必ず行っているのが、その選手が走っているシーンを動画で見せることです。
　自分の試合を振り返るときに、どんなバッティングをしていたか、どんなシュートを打っていたかはチェックしても、「どんな走りをしていたか」までは見ていないアスリートがほとんどです。

プロ野球選手やサッカー選手など、一流アスリートに走り方を教えている。写真の選手は右からJリーガーの李忠成選手、宇賀神友弥選手、橋岡大樹選手、荻原拓也選手。

　私が為末大さんに「腰が動いているぞ」と指摘されてフォームの改善をしたように、選手自身が想像している動きとまったく違う動きをしている場合は珍しくありません。
　まずは自分の走りを客観的に見て、そのうえで走りの修正点を伝えると理解が深まります。

　また、指導の質を高めるために、ほかのスポーツを理解しなければなりません。そのスポーツのことを何もわかっていない指導者から教えられるのは、選手の立場で考え

れば良いわけはないはずです。

　野球選手を指導することになったら、すぐに野球スパイクを履いて盗塁の動作をしてみました。サッカー選手の指導を始めてからも、すぐにサッカーのスパイクを買って実際にプレーしてみました。
　陸上のシューズと野球のシューズ、サッカーのシューズの感触の違い。試合の終盤で疲労がたまってきたときの感覚。陸上のスプリントとの違いが、鮮明になります。

　野球も、サッカーも、アメフトも、ラグビーも……自分が指導するスポーツはまずは一度やってみます。そのうえで、そこでの発見をどう走りのトレーニングに落とし込んでいくかを大切にしています。

Chapter 2

最速のメカニズム

スピードには絶対的な方程式がある

　陸上男子100メートル9.58秒の世界記録保持者、<u>ウサイン・ボルト</u>。"地球上でもっとも速い男"はあまりにも有名です。ですが、「どうしてボルトは速いのか?」と聞かれて、具体的に説明できる人はほとんどいないのではないでしょうか。

　まずは、インターネットで「ウサイン・ボルト 9.58」と検索して走っている動画を探してみてください。

「もっているものが違いすぎる」
「速すぎてボルトなんて参考にならない」

　そんなふうに思った人もいるのではないでしょうか。たとえば、野球選手に「ストレートで速い球を投げるためにどうしますか?」と聞くと、握り方は同じでも投げ方にはそれぞれの答えが返ってきます。サッカー選手が語る強いシュートを打つコツも千差万別です。
　しかし、ボルトであっても小学生であっても、速く走るために必要なことは変わりません。スピードには"絶対的

ウサイン・ボルトってなんで速いの？

速く走るために必要なことは2つ

ボルトは1秒間に 12～13メートル進む！

な計算式"がある。それを頭に入れておいてください。

　速さというのは、**ストライド（歩幅）**と**ピッチ（回転）**の**掛け算**によって決まります。ストライドが広くなれば1歩当たりで進む距離が伸びて、ピッチが速くなればなるほどスピードは上がります。

　ボルトの場合は1歩のストライドは最大で約3メートル、1秒当たりの最大ピッチは4・7歩と言われています。これをストライド×ピッチの計算式に当てはめてみると……3メートル×4・7歩、つまり1秒間で12〜13メートル進んでいるということになります。

　面白いデータがあります。陸上選手の100メートルの速度の変化をグラフにしたものですが、ここではボルト選手と日本人初の9秒台を記録した**桐生祥秀**選手のレースをグラフ化しました。

　多くの人が、100メートルのような短距離ではスピードは右肩上がりに伸びていくというイメージをしているのではないでしょうか。しかし、グラフを見ればわかるとおり、2選手ともレースの中盤で最高速度に達してからは、そこ

小林ら（2017）、Krzysztof & Mero（2013）、松尾ら（2010）を元に作図

から低下しています。ボルトも例外ではありません。

では、ボルトがなぜ突出して速いのか。その理由に挙げられるのが速度の低下率です。彼が 100 メートルで 9 秒 58 を出した際、75 メートル付近で最高速度 12.35 メートル／秒に達して、ゴールの時点でも 12.05 メートル／秒。速度はほとんど落ちていません。

桐生選手は、2017 年に日本人選手として初めて 100 メートル 9 秒台の記録を出しましたが、このときは 80 メー

トルで最高速度（11.63メートル／秒）に達して、ゴールの時点では11.25メートル／秒。桐生選手もボルト選手と同じように速度の低下率は抑えられています。

　これまでの100メートルスプリンターのなかでも、ボルト選手は走速度の速さと、速度の低下を抑えられている点が突出しているのです。

　陸上の世界には「レースマネジメント」という言葉がありますが、100メートルという短い距離を速く走るためにも、実はどこにスピードのピークをもってくるのか、どれだけスピードの低下を抑えられるかが重要になるのです。

　ちなみに小学生の頃、よく走った50メートル走。読者の皆さんは何秒ぐらいで走っていましたか？　ここではタイムの良し悪しではなく、速度の変化に注目してみましょう。

　さて、問題です。小学生の50メートル走では最高速度は何メートルあたりで出現し、そのあと、どうなると思いますか？　右の図を見てください。

　答えは、25メートル付近でトップスピードに達したあとは、ほぼ減速がなく走りきっています。このデータから50メートルのタイムを速くするためには、どのようなトレー

スタート位置からの距離と疾走速度の推移

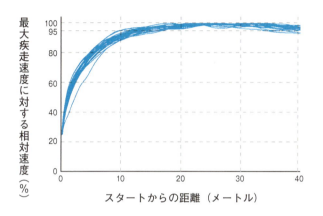

小学校高学年の児童における疾走速度推移に関する研究　藤村,美歌／篠原,康男／前田,正登

ニング方法が思い浮かぶでしょうか？

　50メートルを速くする鍵は、スタートから25メートルまでにあります。ここまでの区間をどうやって速くするかが、50メートルのタイムを速くすることにつながっていくのです。ただ、このデータを知らないとついつい行ってしまいがちなのが、50メートル以上の距離を何本も走りこませてしまうことです。「後半失速しているからもっと走らないとダメだ！」というのは、実は誤ったトレーニング方法につなげてしまいがちです。

2018年6月のFIFAワールドカップロシア大会の決勝トーナメント1回戦。後半のアディショナルタイムに、サッカー日本代表がベルギー代表にロングカウンターを受けて、勝ち越しゴールを決められたシーンは多くの人の目に焼き付いていると思います。

日本代表でもっとも長い距離を走った選手は、80メートルほどをスプリントしています。映像から走りを分析すると、==最初の20メートルほどでトップスピードに達したあとは、どんどん落ちてしまっています。==

ということは、トップスピードに到達してから、頑張って腕を大きく速く振ろう！　足を速く動かそう！　という意識はスピードの低下を抑えられる可能性はありますが、==スピードを高めることにはつながらないということになります。==

個人指導しているサッカー選手にも「試合終盤になると疲れが出て、長い距離をスプリントするのがきつくなる」と課題を感じている選手は少なくありません。
　しかしながら、**走り方を改善**できれば、90分を戦い終えたあとでも、全力でスプリントできるようになります。キーワードは「**効率の良い走り**」です。

「足を上げろ」「腕を振れ」は迷信？

　かけっこ教室で子どもたちに「速く走るためにどうすればいいですか？」と聞くと、必ず「足を高く上げる」といった答えが返ってきます。みなさんも、子どもの頃に体育の先生に「足を上げろ！」と言われた経験はありませんか。

　この「足を高く上げる」という走りのコツは間違っていた──。そう聞いたら驚く人も多いのではないでしょうか。
　福島大学陸上競技部監督の川本和久さんの著書『2時間で足が速くなる！－日本記録を量産する新走法 ポン・ピュン・ランの秘密』（ダイヤモンド社）によると、「足を高く上げる」という考えが日本に広まったのは、1980年代。
　きっかけは、1970年代、当時の世界的スプリンターを数多く育てたポーランド人コーチ、**ゲラルド・マック**氏が来日。マック氏の講習会には世界最新のトレーニング方法を学ぶために、全国各地から陸上指導者が集まりました。

　その中で同氏は、短距離走において地面から離れた脚の動作を「引きつけ」「もも上げ」「膝下振り出し」「膝下振り戻し」という4つに分解して説明しました。それを受

けた指導者たちは、マックさんトレーニングとして「マック式もも上げ」を紹介。ももを腰の上まで引きつける動作を、素早く何十回も繰り返す。「理由はわからないけど、何となく効果は高そう」と広まっていったそうです。

　しかし、川本さんが、マック氏の指導を受けた外国の選手が来日した際に練習風景を見ていると、もも上げをしていないことに気づきます。マック氏が教えているはずなのに、どうしてやっていることが違うのか──。疑問を抱いた川本さんは、アメリカに行った際に、マック氏に直接聞きました。

　「あなたが教えてくれたもも上げのドリルを、日本の選手たちは一生懸命練習しているんです」。目の前でやって見せると、返ってきたのは「そんなふうには教えていない」という言葉だったそうです。脚の動きを分解して説明したが、「ももを高く上げる練習をしろ」と言ったつもりはないと。

　実際に世界のトップ選手たちは、ももを上げて走っているのか。ボルトが走っている動きを解析したところ、100メートルを走っている間、ももが腰よりも高い位置にくることは一度もありませんでした。速く走るために足を高く上げるというのは、日本人の思い込みなのです。

断っておきますと、私は「もも上げ」が、まったく意味のないトレーニングだとは思っていません。ただし、重要なのは「なぜやるのか？」を選手に説明することです。あらゆるトレーニングに共通しますが、目的をわかっていなければ、正しい効果は得られません。

　指導者に「足を高く上げろ」と言われたから、何も考えずに足を高く上げて走る。「腕を大きく振れ」と言われたから、腕を大きく振る……。それでは一時的に速くなったとしても、うまくいかなくなったときに原因を追求できないのです。

　かけっこ教室でも、サッカーや野球のプロ選手でも、走り方を教える際には理論と理屈を先に説明します。
「どうすれば速く走れるか？」の答えはシンプルです。

1. ストライド（歩幅）を広げる
2. ピッチ（足の回転）を速くする

　結論から言うと、この2つを高めるしかありません。そのために何をするべきなのかを、具体的にご説明します。

9割のサッカー選手が走りを間違えている

　陸上界のトップ選手と、サッカー界の**クリスティアーノ・ロナウド**、**キリアン・エムバペ**、**ガレス・ベイル**のような、速いといわれるサッカー選手の走りには共通点があります。彼らは、走っているときやスピードに乗ってドリブルをしているときに、あることができています。

　それは速く走るための基本となる「**まっすぐな姿勢**」で走ることができるということです。まっすぐできれいな状態を、走るときに作れていないと、歩幅も広がらず、足の回転も速くなりません。

　まっすぐな姿勢を作ることで、地面に正確に力を伝えることができます。

　試しに、その場で上半身を前に傾け、お辞儀をしたような状態を作ってみてください。その状態で、その場足踏みをしてみてください。倒した上半身が邪魔をして足が上げづらくなります。次に、まっすぐな姿勢を作った状態でそ

正しい走りと悪い走り

最速のメカニズム

の場足踏みをしてみてください。地面にしっかりと力が伝わりますよね。

　走っているときに、猫背になっていたり、頭がぐらぐら動くと、地面に力が加わらなくなってしまいます。

　写真からそのまま起こしたボルトの走りのイラストを見てください。横から見ると背筋が伸びて、頭から腰までが一本の串が通っているようにまっすぐになっています。トップスピードになっても腕だけが動いていて、上半身はほとんど揺れていません。

　2012年のロンドン五輪、2016年のリオ五輪と10000メートル種目で2連覇を達成した**モハメド・ファラー**は、最後の100メートルでのスピードが代名詞です。そのラスト100メートルで、ファラーはいっさい姿勢が崩れることなく走り切っています。

　短距離、中距離、長距離を問わず、優れた陸上選手は「**まっすぐな姿勢**」を保っています。

　しかし、陸上競技以外で、基本中の基本である「まっすぐな姿勢」で走っているトップアスリートはほとんどいませ

ボルトの姿勢

ん。初めて個人指導をするときは、その選手に「いつもどおりに走ってください」とダッシュをしてもらいます。ナチュラルな状態をチェックするためです。

　すると、約9割の選手が以下のようなフォームで走っています。
　<u>体を前に大きく倒している。</u>地面を強く蹴っている。ちょっとでも速く、前に行こうとしているのでしょう。しかし、この走り方ではスピードは上がりません。小学生向けのかけっこ教室に行くと、子どもたちも多くはこのような走り方をしています。

　実は、これは自然なことです。みなさん、その場で立って楽な姿勢になってください。どうですか。ちょっと背中が丸まった、猫背のような姿勢になりませんか？　体というのは、背骨がもともと曲がっています。人間にとって猫背は、もっとも楽な姿勢なのです。

　陸上をやっていない選手に言葉だけ「きれいな姿勢を作ろう」といっても、イメージできません。子どもたちに教える際にやってもらうのが「<u>壁立ち</u>」です。身長を測るときのように、壁に背中をつけたまま立ってもらいます。

人間の体の構造

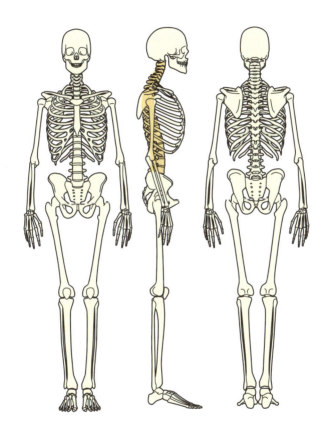

背骨は曲がっている

ポイントは、頭の後ろ、背中、かかとの3つが壁にくっついていること。壁立ちをすることで、まっすぐな姿勢がどういう状態なのかをイメージしやすくなります。

　このときに意識してほしいのが頭の位置です。人間の体の中で一番重たいのは頭です。体重比で約10％と言われるので、体重50キロの人だと、頭の重さは5キロにもなります。頭の位置がずれると、背中が曲がってしまうので、まっすぐな姿勢になりません。

　私のトレーニングでは、最初から走り出すことはありません。はじめから全力で走ると、力んで姿勢が崩れやすくなってしまうからです。

　壁立ちでまっすぐな姿勢を作ったら、まずはゆっくりと、フォームを保ちながら歩いていきます。そこから徐々にランニング、そして走りへとつなげます。きれいなグラデーションを描くように、徐々にスピードを上げていくというイメージです。

走りはジャンプの連続

　基本姿勢を作ったら、「ストライド（歩幅）を広げる」という作業に入っていきます。そういうと、とにかく遠くに足を着けばよいと考えるかもしれませんが、<u>正しい着地をしなければ、歩幅も広がりません。</u>

　みなさんは、「歩き」と「走り」の違いは何かわかりますか？

　「歩き」というのは、常に地面にどちらかの足が着いています。歩く速さを競うスポーツの「競歩」では、地面から両足が離れていると失格になります。

　一方、「走り」はどちらかの足が空中に浮いている時間があります。言い換えるならば、<u>「ジャンプを繰り返している」ような状態です。</u>

　走りとは、ジャンプの連続。ジャンプの動きには足を速くするためのヒントがあります。

「歩き」と「走り」の違い

常に足が地面に
着いている

両足がどちらも
離れる瞬間がある

→ 走ることは

ジャンプの連続

そこで「**なわとび**」をしているときを思い出してください。無意識のうちに、かかとを少し浮かせた状態でジャンプしているはずです。かかとを浮かせて地面に着地していると、ふくらはぎの筋肉（腓腹筋とヒラメ筋）に力が加わり硬くなります。

　このとき、かかとの後ろについているアキレス腱は、ふくらはぎの筋肉に引っ張られて、伸びきった状態になっています。筋肉には伸びたら縮もうとする性質があります。筋肉はこの「**伸縮運動**」を使うことによって、効率的にエネルギーを生み出せるのです。

　かかとから地面に着いてなわとびをしたら、どうなるでしょうか。まったく体は弾まないはずです。かかとで地面を蹴っても高く飛べないのは、アキレス腱が伸び縮みしないからなのです

　走り方のトレーニングをするときに「なわとびをやってみましょう」と言うと、「え？」と驚かれることが少なくありません。おそらく、走りとなわとびがリンクしていないのだと思います。

腱の使い方

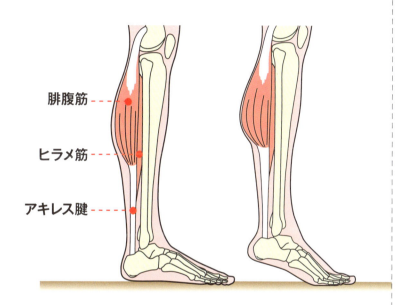

腓腹筋、ヒラメ筋に力が入るとアキレス腱が引っ張られる

なわとびは「まっすぐな姿勢を保つ」と「足の腱を使う」という、走るうえでのポイントを無意識のうちに高められる"最強のトレーニング"です（トレーニングの詳細はP154）。

　なわとびを跳ぶときは、かかとを地面に着けず、着地した際に膝が曲がりすぎなければ、上手にジャンプができます。走りは、その足が交互に切り替わっていくイメージです。正しい場所に着地できるようになれば、ジャンプ力が増すのと同じ原理で、自然と歩幅（ストライド）は伸びていきます。

スプリントは "効率性"で決まる

　野球選手、サッカー選手に個人指導する際に、何も言わずにダッシュしてもらうと、ほとんどの選手が大股になります。

　前述したように、スピードの絶対的な方程式は「**ストライド（歩幅）× ピッチ（回転）**」です。1歩当たりの進む距離が広くなれば、スピードは上ると思うかもしれません。しかし、正しい走り方ができていないのに歩幅だけを広げても、足は速くなるどころか遅くなってしまいます。

　なぜでしょうか。

　その場に立った状態で足をできるだけ遠くに伸ばして、体から離れた位置に着けば、確かに歩幅は出ます。しかし、後ろにある体を前にもってこないといけないのでかなりの**もも裏の力**が必要になります。これではスピードは上がりませんし、効率的な走りとはいえません。
　できるだけ、**身体の真下**に、つま先あたりで着地するこ

とで効果的にジャンプのときのような"**腱反射**"が生まれ、<u>跳び跳ねるような走りができるようになります</u>。先ほどのその場足踏みの際は、自分の体の真下に足が着いていると思います。そして、その際に最初に地面に着地する場所はつま先ですよね？

　そこで、腱の使い方を覚えるためのトレーニングとして行うのが「前進ジャンプ」です。まっすぐに立った状態から、マーカーを等間隔で並べてジャンプしながら前に進んでいくというものです（トレーニングの詳細はP143）。

　シンプルなメニューなのですが、ほとんどの選手が一生懸命ジャンプをしているのになかなか前に進めません。前に行くために、上半身を前後に動かしてみたり、地面を後ろ方向へと強く蹴り上げたり……。1本やるだけで息が上ってしまうことも珍しくありません。

　しかし、陸上選手にこのトレーニングをやってもらうと、涼しい顔でやっているのにどんどん進んでいきます。しかも、地面に足が着くたびに「パン！」「パン！」という音がします。シューズの裏に特別な装置がついているのかと思うほどです。

トレーニングを重ね、きれいなフォームで前進ジャンプをする
プロサッカー選手の宇賀神友弥選手

　このトレーニングで重要なのは、地面に加えた力をどれだけ逃さずに前に進めるかです。

　足の遅い選手は、着地したときに力を逃してしまっています。力が逃げてしまうと、今度は必要のない筋肉にも力を入れて無理やり走ろうとします。

　逆に、足の速い選手は着地したときに、一瞬でふくらはぎの筋肉に力が入り、効率よくアキレス腱のバネを有効活用しているのです。

効率良く無駄な力を使わずにパワーを出せているのが陸上選手、もっている筋力で頑張って走り、余計な疲れを溜めてしまい、だんだんパワーが出せなくなってくるのが他種目の選手と言えます。

　サッカーの動き出し、野球のベースランニング、陸上のスタートダッシュ……スポーツにおいては"初速"の重要性は言うまでもありません。

　とりわけサッカーにはどちらの選手も触っていないイーブンのボールを追いかける場面があります。そこでは最初の1歩でどれだけスピードに乗れるかが勝敗を分けます。

CHAPTER 3

走りの誤解を解く

"自爆系の怪我" 肉離れはなぜ起こるのか

　野球で球を打って塁に走り出した選手が、途中で足を押さえながら倒れ込む……。サッカーでトップスピードに乗っていた選手が、突然走るのを止めてしまう……。

　スポーツを観戦中、こんな場面を見たことはありませんか？　相手とぶつかったわけでもないのに、走っているときに突然動けなくなってしまう。いわゆる"**自爆系の怪我**"です。

　特に、野球とサッカーでものすごく多いのが「ハムストリングス」と呼ばれる、太ももの裏側の筋肉群の肉離れです。一度やると癖になりやすく、長期離脱を繰り返す選手は少なくありません。

　そもそも、なぜ肉離れは起こるのでしょうか？

　肉離れの瞬間の映像を分析すると、ほとんどの場合、自分の頭の真下よりも前に足が着いているのです。これが

肉離れを引き起こす要因となっています。

　イメージしやすいように、空き缶をつぶすときをイメージしてみてください。空き缶つぶしのときは普通、体の真下に空き缶を置きます。そうすると、強く足を踏み降ろすことができるので、ペシャンコになります。

　逆に、体から遠い場所に空き缶を置くと、うまく力が入りません。

　走るときも同じことがいえます。力を入れるポイント、場所というのが大事になります。力の入らない場所で着地すると、前に進むためには、膝裏や、もも裏の筋肉を使って、筋肉を引っ張りながら、体を前に運ばなければなりません。　その間、常に筋肉は引っ張られ続け、最後の最後で足が離れる瞬間に、筋肉は限界を超えて肉離れを起こしてしまうのです。

　実を言うと、私自身も現役時代は肉離れを何度もした経験があります。肉離れをした瞬間の、足をバットで殴られたような衝撃は今でも鮮明に覚えています。

　私は現役時代に400メートルハードルという種目をやっていました。400メートルハードルを見たことがない方に

どっちが力を入れやすい？

説明すると、35メートル間隔にハードルが10台並んでいます。ハードル間を何歩で走るかは自分で決められますが、この戦術が勝敗に大きく影響してきます。

400メートルハードルは、総歩数が少なければ少ないほど好記録が出るという研究が数多くあります。そのため、私も多少の無理をしてでも歩幅を広げて走るようにしていました。
　その結果、かかとまではいかなくとも足裏のかかとに近い部分で着地し、ハムストリングスに大きなストレスをかけながら走っていました。
　走りの効率も悪くなって、何度もハムストリングスの肉離れを経験しました。

これまで多くの野球選手、サッカー選手を指導してきましたが、多くの選手は、速く走ろうとすると、足を前に出すという傾向がありました。

前述したとおり、速さ（スピード）＝歩幅（ストライド）×回転（ピッチ）という計算式があるように、足を前に出すということは歩幅を広げることにつながってくるので間違いではありません。

なぜ肉離れは起きるのか？

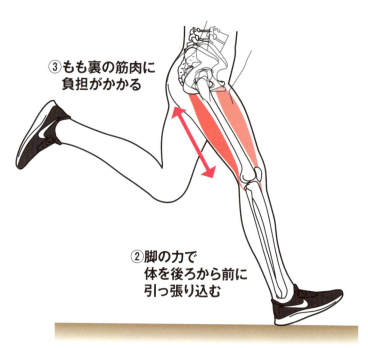

③もも裏の筋肉に負担がかかる

②脚の力で体を後ろから前に引っ張り込む

①上体よりも前に着地する

ただ、単純に足を前に振り出して歩幅を広げようとすると、回転数が落ちてしまいます。一方で、回転数だけを高めても、歩幅は伸びません。**歩幅と回転数のバランス**が、速く走るためには重要です。

　スピードを上げようとして、無意識のうちに足を前に出すと、必然的にかかとの近くで着地することになります。力が入りづらい場所で着地し、そこから加速しようとしたときに、急激な負荷に筋肉が耐えられずに肉離れが起きるのです。

怪我をしやすい走り方とは?

　野球選手やサッカー選手の指導を始めてから、プロ野球やJリーグの試合をチェックするようになりましたが、走り方を見れば「怪我をしそうな選手」はすぐにわかります。

　私が指導した選手のなかで、筋肉系の怪我に悩まされていたのは、川崎フロンターレの**小林悠**選手、**長谷川竜也**選手です。

　2016年のJリーグチャンピオンシップの鹿島アントラーズ戦で、長谷川選手が肉離れを起こしました。長谷川選手がロングパスにうまく飛び出して、ボールに触ればゴールキーパーと1対1という場面でした。

　実は、この前の試合で、試合中に私が長谷川選手の走りを見て、ツイッターで「肉離れを起こしやすい走り方だった」とツイートしたところ、それが拡散されて本人に届きました。その後、走り方について教えてほしいと依頼されて、小林選手とともに個人指導を行いました。

小林選手も長谷川選手も、スピードを上げようとすると前傾姿勢になって、体よりも前に足を着く癖がありました。映像で自分のフォームを見てもらい、トレーニングをしたところ、1日で大きな変化がありました。

　なぜ、たった1日で走りが変わったのか。

　本人のポテンシャルはもちろんですが、個人的には「どうして肉離れを起こすのか」という原理を、パソコンで動画を用いてプレゼンし、説明し、理解してもらってからトレーニングを行ったからではないかと思っています。

　小林選手も長谷川選手もそうですが、スピードがある選手はもともと「自分は足が速い」という自信があるので、フォームを改善する必要性を感じていない場合もあります。

　しかし、肉離れなどの怪我をしたことと、自分の走り方に因果関係があることがわかれば、積極的に改善に取り組めます。こちら側がどんなに正しい走りを教えたいと思っても、最終的にやるのは選手。そのためにもなぜ肉離れが起きてしまったのか、ダッシュをしたあとはもも裏が張ってしまうのかを、理論立てて説明するのはとても重要です。

私が選手たちに行っている動作の改善は、ただ足を速くすることを目的にはしていません。効率の良い走りを習得し、怪我のリスクを減らし、その選手のもっているポテンシャルを最大限に引き出すことです。

　怪我をしにくい、理想の走りをしていると感じるのが、ダニエウ・アウベス選手です。FCバルセロナ、パリ・サン＝ジェルマンFCといった名門クラブ、そしてブラジル代表で不動の地位を築いた世界トップクラスの右サイドバックです。

　サイドバックは何度も上下動を繰り返し、スプリントをする回数も多いポジションですが、試合の終盤になってもパフォーマンスが落ちるどころか、涼しい顔をして走っています。しかも、大きな怪我をほとんどしたことがありません。

　ダニエウ・アウベス選手を見ていると、体に余計な力が入っていなくて、飛び跳ねるように走っていることに気づきます。いわゆる「効率的な走り」です。

　まっすぐな姿勢を作って、体の真下に着地するので、地面からの反発を生かして走っています。1歩当たりのエネ

ルギー効率が良いので、長い距離を走っても疲れづらく、怪我もしにくいのでしょう。多くの陸上選手に彼の走りを見せましたが、陸上のスペシャリストからも絶賛を集めていました。

　サッカーは相手との接触があるので、怪我のリスクをゼロにすることはできません。ただ、「正しい姿勢」と「正しい着地」ができていれば、自分で怪我の要因を作る「自爆」のリスクは大きく減らせると私は考えています。

1%のトップランナーたちがやっていること

　2018年10月7日、シカゴマラソンで**大迫傑**選手がマラソンの日本新記録を塗り替えました。2時間5分50秒。7カ月半前に**設楽悠太**選手が日本新記録を出したばかりでしたが、それを21秒上回る好記録で、日本人初の2時間5分台に突入しました。

　大迫選手の活躍によって一躍脚光を浴びたのが、「**フォアフット走法**」です。
　マラソンの走り方は、大きく3つに分類されます。

フォアフット
つま先部分で着地していて、かかとが浮いた状態で走る

ミッドフット
足の中間部分から足の裏全体で着地して走る

リアフット
足の後足部・かかとから着地して走る

フォアフット

ミッドフット

リアフット

これまで歴代の日本人マラソン選手の多くは、足の裏全体で着地するミッドフット走法を採用していました。フォアフット走法よりも足への負担を抑えられると考えられていたからです。

　ちなみに、『42.195kmの科学――マラソン「つま先着地」VS「かかと着地」』（角川書店）には、日本で開催されたあるマラソン大会で、出場選手がどのように着地しているかをとったデータがあります。すると、<u>フォアフットが約1.4％、ミッドフットが約23.7％、リアフットが約74.9％という結果</u>だったそうです。

　そのマラソン大会でトップを独占したのが、**約1.4％**しかいなかったフォアフット走法の選手たちでした。ケニアやエチオピアといった国から参加していた黒人選手です。

　黒人選手たちは、幼少期からコンクリートで舗装されていない道を裸足で走っているので、足の裏の筋肉やアキレス腱が日本人よりも鍛えられています。だから、足への負担が大きいフォアフット走法にも耐えられると考えられてきました。

　ただし、そうした常識を覆す説が最新の研究で出ています。着地の際に、体が地面からどれだけ反発を受けて

フォアフット着地
=
地面からの衝撃は
体重の 1.6 倍

ミッドフット着地
=
地面からの衝撃は
体重の 2.2 倍

地面からの衝撃は
フォアフット着地のほうが少ない

『42.195kmの科学——マラソン「つま先着地」VS「かかと着地」』（角川書店）

いるのかを、フォアフットとミッドフットという2つの走法で比べたところ、つま先から着地する選手が受けていた衝撃が体重の1.6倍だったのに対し、かかとから着地する選手は体重の2.2倍。フォアフット走法の方が、体への衝撃が少なかったというデータが出たのです。

とはいえ、世界のトップランナーやマラソン日本記録保持者の大迫選手がやっているからといって、一般のランナーの方々がマネをするのはあまりオススメしません。

日常生活でつま先立ちをしている人はほとんどいません。当然、つま先からの着地を繰り返すと、何度も述べているようにふくらはぎや足の裏に強い負荷がかかります。普段から鍛えていない筋肉に強い負荷をかけて、42.195キロ、何万歩という着地を繰り返す長距離を走り切るのは難しいことです。

走り方のセミナーで、一般のランナーから「つま先着地の走り方はマラソンに応用できますか」と質問をされることもあります。その際は「自己ベストが2時間10分を切るレベルの選手なら応用できる可能性はあります」とアドバイスをします。

その人の筋力や環境に合った走り方をするのは、怪我の予防の一つです。

『競技スポーツ別ウエイトトレーニングマニュアル』(有賀誠司著　体育とスポーツ出版社)

　図のようなピラミッドをイメージしてみてください。このピラミッドが大きければ大きいほど競技力が高いと定義します。速く走れる人にはそれ相応の筋力や体力があります。その上に、つま先で着地して走るなどの技術の要素が乗っかります。それができて、初めて1キロ当たり何分で走れる、最初の10キロの通過は何分で、といった戦術を組むことができるのです。

　基礎体力や基礎筋力がそもそもない状態で技術に走っても、体力という土台が小さいと全体に安定感が生まれず、パフォーマンスも上がらなくなってしまうのです。

怪我を防ぐためにするべきこと

　私は23歳までは、トレーナーさんにマッサージをといったケアを受けたことはありませんでした。しっかり三食食べてよく寝ていれば、ある程度回復していました。そして、競技力も高まり、筋力も増え、地面に加える圧力も増していきました。

　しかしながら、年齢を重ねると回復力も遅く感じるようになり、28歳を過ぎたあたりでは、人の手を借りないと回復が追いつかない状況になってきました。
　とりわけ、つま先から着地する走り方は、ふくらはぎや足の裏にかなりの負荷がかかります。一流アスリートですら、初めてトレーニングをした次の日は、筋肉痛で足を引きずるほどです。
　ですが、専属のトレーナーさんがいるわけでもないので、おのずと自分自身でもケアをする意識が強くなっていきました。

　私が取り組んできた自己ケアは、必ず入浴することです。

入浴後は**静的ストレッチ**を必ず行います。当たり前のように感じるかもしれませんが、私の感覚では、入浴とシャワーだけとでは疲労の取れ方がまったく違うのです。

そして特にオススメしたいのが、足に**オイルやクリームを塗って、青竹踏み**をすることです。足の裏の筋肉に疲れが残っていると、かかとを通っているアキレス腱に痛みが出ますし、それに付着するふくらはぎも張ってきます。

足の裏の筋肉をほぐすために、アーチが高めの青竹踏みを常に持ち歩き、練習の合間やケアでやるようにしていました。ゴルフボールを踏みながら転がすのも効果的です。私が指導してきたアスリートで、ふくらはぎの張りや足の裏の張りに困っているアスリートにはオススメの青竹踏みをプレゼントしました。

そして、何よりも自分の体に余計な負担をかけないための予防策は、やはり**適切なフォームづくり**です。走りの技術が高い選手は余計な力を使わず、力を入れるところと抜くところがわかっているので、走りも効率化していきます。

怪我の多い選手の特徴は、まったく力が入らない場所に足が着地し、地面からの反発が得られないので、筋力だけで体を前に運ぼうとします。そうなると、筋肉に過度な負担がかかるので、怪我のリスクは高まります。

　いくらパフォーマンスが高くても、よく怪我をしてしまうのではあまりにもったいないですよね。一流アスリートの特徴として、怪我をしないというのも一つの大きな要素だと思います。怪我が少ない選手の特徴は、効率の良い体の動かし方、走り方をしていることです。

　正しいフォームを身につけることによって、足が速くなるだけでなく、なおかつ怪我のリスクも低くなる。良い走りをすることが、「最高の怪我予防」なのです。

CHAPTER 4

野球に必要な走り方

野球選手の肉離れは
なぜ多発するのか？

　2016年11月に、阪神タイガースの秋季キャンプに臨時コーチとして招かれました。最初に指導したプロ野球球団、オリックス・バファローズに在籍していたトレーナーさんが阪神に移籍したことがきっかけで、走り方の指導を任されるようになったのです。

　阪神の2016シーズンの盗塁数は「59」。これはセ・リーグで最小の数字でした。ちなみに、セ・リーグで優勝した広島カープは、阪神のちょうど倍に当たる「118」でした。

　金本知憲監督（当時）が掲げていたのは「機動力野球」。状況を改善するべく、陸上の専門家である私に白羽の矢が立ったのです。

　まず、どんなフォームかをチェックするために、全員に1本ずつ走ってもらいました。すると、サッカー選手にも共通する欠点がすぐに見つかりました。それは、ほぼ全員が体を前に傾けて、膝から下を前方に振り出し、かかとか

ら着地していたのです。

　速く走りたいから、足を前に出す。しかし、前述したように、そうした走りは実は効率が悪く、怪我の要因にもなります。

　野球で肉離れが一番起こりやすいのが、凡打になって一塁に行くまでの間です。打ち損じて、全力で走らなければいけないと思うと、体が傾いて、足を前に振り出す走りになります。横から見たら「く」の字の姿勢になっています。

　速く走るときには、力が入る場所に着地できるかが大事になります。

前述したとおり、力が入りづらい場所に着地すると、前に進むためには進行方向より逆に筋肉を引っ張りながら、体を前に運ばなければなりません。大きな負荷が筋肉にかかるため、足が地面から離れる瞬間に、肉離れを起こすのです。実際に阪神のトレーニング中にも、球団スタッフが30メートルのタイムを測定したとき、1人の選手がハムストリングスの肉離れを起こしました。

　野球選手はアスリートとしての身体能力はトップレベルです。ウエイトトレーニングでも野球選手の脚力には何度も驚かされました。
　しかし、そんな==脚力があるぶん、ダッシュしているときに力が入らない場所で着地しても、無理やりにでも筋肉を使って体を前に進ませることができてしまいます。==
　そうなると、怪我の発生リスクはどんどん高くなっていきます。頻繁に怪我をする選手と、ほとんど怪我をしない選手。どちらがプロ選手として価値が高いかといったら、答えは決まっています。

　阪神タイガースも怪我の多さに悩まされていました。最初のキャンプで「投手陣に走りを教えてほしい」と言われて驚きました。ピッチャーに走りが必要なのかと。聞くと、

体力づくりのためのランニングで肉離れになってしまう選手がいるからだそうです。

　肩の故障などではなく、投手がランニングで怪我をして試合に出られなくなるなんて、そんなもったいないことはあるかと思いました。選手が肉離れで離脱したとなれば、球団にとっても本人にとっても、損失はかなりのものです。そうした怪我の発生リスクを下げるためには、正しい走り、効率の良い走りが必要です。

　走りの改善を行ったことで、どんな変化が見られたのか。速くなったというのがわかりやすい盗塁数や内野安打も増えましたが、もっともうれしかったのが、ランニングで肉離れになる選手が1人もいなかったことです。

　走塁中に故障した投手からは「もう全然、痛くならない」、鳥谷敬選手には「守備位置までのダッシュに疲れを感じなくなった」、福留孝介選手には「もう10年早く、この内容を知りたかった」と言われました。

　いい走りをすることで、選手の怪我が減って、チームの結果も上向く。そうしたサイクルができていったのです。

阪神で「走塁革命」が起こった理由

　阪神のキャンプでは座学も行います。ほとんどの選手が少年時代からずっとスポーツをやってきていますが、走りの仕組みは知りません。どうすればスピードが出るのか、正しいフォームは具体的にどんなものなのかを、映像を交えて説明します。

　トレーニングでは、正しく着地するためのメニュー、フォームを良くするメニューなどを行って、選手が走っているところを動画で撮りながら、どこを変えればよくなるかを1人ずつにアドバイスします。
　シーズン中は1〜2カ月に1回のペースで指導に行き、気になる点があれば個人的に連絡を取り合ってアドバイスをし、選手から動画を送ってもらって遠隔指導もします。

　では、実際にどれだけ速くなったのか。

　最初に指導した2016年11月と、2017年11月のタイムを比較したデータがあります。平均0.06秒、最大で

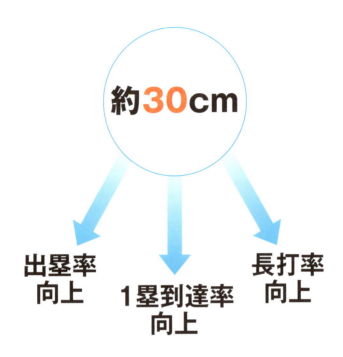

0.14秒短縮されました。時間だけを見てもピンとこないかもしれません。

では、距離にしたらどれくらいかというと、正解は30センチメートルです。

野球というスポーツにおいて、30センチメートルというのは、グローブ1つ分。セーフかアウトかを分ける、小さくも大きな差です。

球団の方に話を聞くと、今まではアウトになっていたも

のが、セーフになる選手が明らかに増えたと。バッターが打ってから1塁に到達するまでの時間が速くなったというデータも出ました。

そして、セ・リーグで3年連続最下位だった盗塁数はどうなったのか。2017年の1軍は「59」から大きく伸びて「70」。リーグ6位から一気に3位になりました。リーグ3位だった2軍(ファーム)も「83」から「89」になって、こちらはリーグ2位。

さらに驚くべきは2018年です。2年連続で阪神のファームは見事なリーグ優勝をはたしましたが、チームを率いた矢野燿大2軍監督(現1軍監督)が掲げた「超積極的野球」、その象徴となったのが盗塁数でした。

163——。

この数字がどれほどすごいのかは、2013年にソフトバンクホークスが樹立したファーム記録の「156」を大幅に上回る最高記録と言えば、わかるかもしれません。

当然ですが、盗塁数が多くて活躍が目立っている選手は

阪神タイガース 盗塁数

	1軍	ファーム
2016年	59（リーグ最下位）	83（リーグ3位）
2017年	70（リーグ3位）	89（リーグ2位）
2018年	77（リーグ2位）	163（リーグ新記録）

1軍に呼ばれるので、ファームからはいなくなります。それでも、ほかの選手たちも積極的に走ったことが、驚異的な盗塁数につながったのだと思います。

とはいえ、足を速くすれば、盗塁が増えるかというと、そんなことはありません。まずは塁に出る、それから監督の「走れ」というサインがなければ走れないからです。

大きかったのは矢野監督の存在です。

初めて臨時コーチとして指導に行った2016年の秋季キャンプで、当時コーチだった矢野監督とタクシーで一緒になったことがありました。そのときに「走りはすごく大事だと思う」と意気投合し、熱心に話を聞いてくれたのです。

指導者のなかには、野球は野球、陸上は陸上だからと別物としてとらえる人も少なくありません。しかし、矢野監督からは新しいことを積極的に取り入れようとする貪欲な姿勢を感じました。

矢野監督が練習中から「失敗してもいい、どんどん行こう」と選手に声をかけるので、チーム全体にチャレンジを恐れない空気ができていくのです。指導者が走りの重要性を理解してくれたうえで、積極的に盗塁を狙っていく。足が速くなっているという実感もあるから、自信をもって走れる。

両軸が組み合わさったからこそ、阪神で「走塁革命」を起こせたのだと思います。

初速を高めるための トレーニングとは？

　野球選手に個人指導をするときにリクエストされることが多いのが、初速を高めるためのトレーニングです。

　初速というのは、私は1歩目から5歩目までの速度と定義しています。止まった状態、もしくは、速度が極めて遅い状態からスピードを上げるためには、最初の1歩目で力が入っていなければいけません。

　では、どうすれば力を入れられるのでしょうか？

　車のような重たいものを動かすところをイメージしてください。車を押すときにどんな姿勢になりますか？
　おそらく、ほとんどの人が低い姿勢になって、体の近くに足を着きながら必死に押そうとするはずです。そのほうが力を入れやすいというのを、理論的にはわかっていなくても、感覚的にわかっているからです。

　スタートダッシュをするときのフォームは、車を押すとき

どっちの方が押しやすい？

野球に必要な走り方

に似ています。

　速く走ろうとすると、1歩目を遠くに出そうとしがちですが、そうなると、かかとからの着地になるので、足の回転力が伸びず、歩幅も伸びていきません。<mark>1歩目は体からできるだけ近い位置に着くようにします。</mark>

　初速を高めるために効果的なトレーニングが「牽引走」です。2人1組になって行うメニューで、腰または肩に牽引用のベルトを巻き、そこにゴムチューブをつないで、後ろの人に引っ張ってもらいます（トレーニングの詳細はP145）。

　一見すると、重たいタイヤを腰につけて引っ張るのと同じような、下半身強化メニューのように感じるかもしれませんが、<mark>牽引走の目的は正しいフォームをつくることです。</mark>
　ですので、走る人はがむしゃらに前に行くというよりも、足をどこに着くか、どんな姿勢になっているかを意識して行うことが重要です。

　スタートダッシュを速くするには、低い姿勢をつくって、地面にしっかりと力を加えていく必要があります。牽引走

牽引走トレーニングで正しいフォームづくりに取り組む
プロ野球選手の内川聖一選手と著者

　は後ろの人に引っ張られているので、すぐに上体を起こしたり、体を前に傾ける意識が強くなりすぎると、一瞬で体勢が崩れて力が入らなくなり、スピードも高まっていかなくなります。正しい前傾姿勢をつくったら、前に足を出すのではなく、自分の体の真下に足を着地させることが大切になります。

　牽引走は「正しい接地」と「正しいフォーム」を身につけることができる、必殺技のようなトレーニングです。

盗塁の成功は「1歩目」で決まる

　野球において、「走る」ことがもっともフォーカスされる場面といえば、盗塁ではないでしょうか。盗塁の数が増えれば、得点のチャンスが広がります。どんどん走ってくるチームは、相手にとっては嫌なものでしょう。

　実は、盗塁も、陸上も、速く走るために必要なことは変わりません。足をどこに着くか、どんな姿勢で走るのか。走りの基本となる2つをしっかりと高めていけば、必然的にスピードは高まります。

　ただし、盗塁の距離は1-2塁間、2-3塁間ともに27.431メートル。30メートルにも満たない距離です。そこで最重要ポイントとして挙げたいのが、やはり「1歩目」です。

　最初の構えには違いがありますが、陸上競技も盗塁も止まった状態からスタートします。スピードがついた状態を維持していくという作業ではなく、スピードのないところから一気に加速する作業が求められるのです。

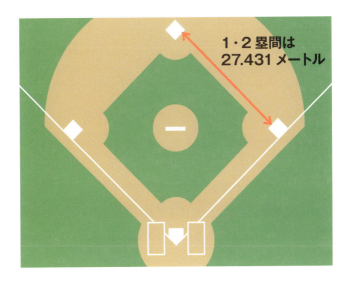

ヒントとなるのは100メートルの世界記録保持者、ウサイン・ボルトのスタートです。スタートの瞬間を横から撮った映像があるのですが、ロケットのように勢いよく飛び出しているように見えて、<u>1歩目は体のすぐ近くに着いています。上げた足を、体の真下に下ろすようなイメージ</u>です。

野球選手に指導をするときに、アドバイスをせずに走ってもらうと、ほとんどの選手が歩幅を大きく広げて走ろうとして、1歩目を大きく遠くに踏み出してしまいます。目的

地に速く行こうとして、無意識のうちにそうしてしまいます。しかし、大股で歩幅を広くしようとするのは、必ずしも速く走ることにはつながりません。

　Chapter3-1でも説明しましたが、空き缶を踏みつぶすときのことをイメージしてください。遠くにある空き缶と、近くにある空き缶。どちらが強く踏みつぶせるでしょうか。答えは、近くにある空き缶です。体の近くに足を着くほうが、より大きな力を出すことができます。また、正しい着地ができるようになると、肉離れのリスクも減ります。

　盗塁の成功率を上げるためには、1歩目を着く位置と、まっすぐな姿勢が重要になります。野球の塁間27.431メートルは、陸上に当てはめればスタートダッシュ。陸上選手のスタートダッシュと、野球で盗塁が得意な選手のフォームを比較すると、ほとんど変わらないことがわかります。
　野球選手の指導をしていると「盗塁ではどうやって構えればよいのですか？」という質問を受けます。多くの選手は、盗塁を狙ってリードする際は、腰を落として、手を膝の上に乗せています。
　しかし、低く構えすぎると、スタートのときに腰が抜けてしまい、椅子に座っているような状態になってしまいま

す。止まった状態から動き出すときに大事になるのは、1歩目でどれだけ地面に力を伝えられるかです。腰が抜けていると、地面に足を着いても十分に力が伝わりません。

　重たいものを持つ際に背中が丸まった状態、いわゆる腰が抜けた状態になってしまうと、腰を痛めやすくなります。できるだけ背中を反るように、いわゆる**腰を入れた状態**のほうが力も入り、重たいものを持ち上げやすくなります。

　メジャーリーグで歴代最多の1406盗塁を記録した**リッキー・ヘンダーソン**は盗塁の際に、腰を落としすぎず、上半身は立っている姿勢かのように背筋が伸び、かかとを軽く浮かせたフォームになっています。

　以前、個人指導をした俊足の千葉ロッテマリーンズの**荻野貴司**選手に試してもらったところ、かかとを浮かせた構えのほうが初速を出しやすいと言っていて、実際にタイムも伸びました。牽制されたときにタイミングが遅れるといったこともないそうです。

　野球界では当たり前とされていた動きを、まったく新しいものに変化させ、結果を残していく。常識を覆すことの一つに「走り方」があると私は感じています。

野球選手と陸上選手の走りは何が違う？

　あるテレビ番組で面白い企画をやっていました。陸上選手が、プロ野球のバッテリーから盗塁できるのかを検証するというものです。

　2017年の世界陸上において400メートルリレーで銅メダルを獲得した藤光謙司選手が1塁から2塁に走るのを、2015年に12球団1位の盗塁阻止率を誇った千葉ロッテの田村龍弘捕手が阻止する。

　ルールは、ピッチャーの牽制で戻れなかったらアウト、スライディングは禁止で、2塁は駆け抜けるというルールでした。

　陸上選手 vs 野球選手のこの対決はどんな結果になったと思いますか？　結果は、藤光選手が見事に盗塁を決めました。球界屈指の強肩と言われる田村捕手の送球は2塁にピタリと届きましたが、それでもアウトにはできませんでした。

ちなみに、解説をしていた元読売ジャイアンツの盗塁の名手・鈴木尚広さんは、「スライディングをしていたら、もっと余裕でセーフだっただろう」と話していました。
　田村捕手も「めちゃめちゃ速かった」と驚いていましたが、牽制ができるルールのなかで、楽々とセーフになったことに驚いた野球ファンも多かったかもしれません。

　陸上選手と野球選手の走り方にはどんな違いがあるのでしょうか。まったく同じ条件ではありませんが、陸上と野球のトップ選手の走りを比較したデータがあります。

　陸上選手はスタートから21.5メートルまでと、野球選手は1-2塁間でリードした分とスライディングした分を省いた距離（21.5メートル）のタイム・歩数・ストライド（歩幅）・ピッチ（回転）を計測したものです。
　タイムに関しては、陸上選手と野球選手では構えやサーフェス（地面）が違うので参考になりませんが、注目してほしいのは歩数のところです。
　野球選手のほうが、陸上選手よりも歩数が少なかったのです。

　つまり、ストライドは野球選手のほうが広く、ピッチ

野球選手と陸上選手の比較

		記録	歩数	ストライド	ピッチ
1-2塁間	荻野貴史	3.18	11	2.13m	3.78
	西川遥輝	3.27	12	1.95m	4.01
	鈴木尚広	3.21	11	2.13m	3.75
21.5m	山縣亮太	2.70	14	1.53m	4.66
	藤光謙司	2.79	13	1.65m	4.20

0.01調べ

野球選手はストライドが広く、ピッチが遅い

は陸上選手のほうが速かったのです。このデータからは、野球選手のほうが陸上選手よりも歩幅を大きく広げて走っているのではないか、という仮説が立てられます。

陸上選手は体の近くに接地するので、地面に力がしっかりと伝わって、足の回転速度が上がっていきます。その結果、タイムも伸びていきます。野球選手は体から遠い位置に着地しているので、地面に力をしっかりと伝えられず、足の回転速度が上がっていきません。

実を言うと、このような問題点は、野球選手を現場で指導したり、走りを分析したりするなかで、データをとる前からわかっていたことでした。ただ、実際にデータをとることで、どこを改善すればいいのかがより明確になります。

そこで、野球選手のスライドとピッチのバランスを整えるトレーニングとして行っているのが、ミニハードルを用いた「マーク走」です。ミニハードルを50センチくらいの間隔に並べて、その間に足を着きながら前進していきます。

ポイントは、ミニハードルに引っかからないように足をしっかりと上げること、上げた足を体からできるだけ近い

場所に下ろすこと。ハードルとハードルの間に空き缶があって踏みつぶすイメージが重要です。

　慣れてきたら、助走をつけたり、ハードルの距離を広げたりして、歩幅を広げていきます。こうしたトレーニングをしてから普通に走ってもらうと、きれいなフォームになっていくのです（トレーニングの詳細はP144）。

CHAPTER 5

サッカーに必要な走り方

足が速い選手には理由がある

　サッカー選手の指導を始めたのは、2013年でした。**槙野智章**選手、**宇賀神友弥**選手といった浦和レッドダイヤモンズの選手たちと、走り方に特化した「スプリントキャンプ」を行ったのがきっかけでした。

　初めて槙野選手や宇賀神選手の走りを見たときに感じたのは、「伸びしろしかない」ということでした。2人とも、足の速さには自信をもっていましたが、フォームは理想的とは言い難いものだったからです。
　現役時代に私がサッカーの技術や戦術をコーチから学んでいなかったように、サッカー選手が走りの技術を習うことはほぼありません。ただ、サッカーは1試合の走行距離が10キロ以上、スプリントする場面もたくさんある、走りが大きなウェイトを占めているスポーツです。

　走りを改善すれば、サッカー選手としてもっと高いレベルに行ける。そんなふうに考えたからこそ、自主的に走りを学ぼうと取り組んでくれました。

スプリントキャンプや個人指導を通じて、今年も多くのアスリートの走りのフォーム改善に取り組んでいる

　初めてトレーニングをした翌日、朝食会場にやってきた選手たちは足を引きずっていました。ふくらはぎが筋肉痛になっていたのです。

　私にもまったく同じ経験がありました。現役選手の終盤にトレーニングを見直して、着地するポイントをつま先に変えた直後です。

　一流アスリートでさえ、速く走るために必要なふくらはぎの筋肉は十分に鍛えられていない。裏を返せば、それは伸びしろがものすごくあるということです。

　野球選手と同じように、サッカー選手もほとんどが上半身を前に倒し、かかとから着地して走っていました。速く

走るには、思いっ切り、力いっぱい走るという感覚があるからでしょう。

しかし、それではスピードの低下とともに、怪我のリスクも高まります。フォームが良くなくても、十分に速く走るのは、アスリートとしてのポテンシャルが高いからともいえますが、正しい走りを習得すればもっと足が速くなるのは間違いありません。

実際にサッカー選手の走り方を研究していくと、スピードがあると言われている世界的な選手は理にかなったフォームで走っています。

例を挙げると、**クリスティアーノ・ロナウド**。この選手の走りを初めて見たときは驚きました。足を着地する位置、まっすぐな姿勢、どちらも素晴らしかったからです。

スプリントをする場面で着地している場所は常につま先で、かかとは地面から浮いています。ロナウドのふくらはぎが高い位置で盛り上がっているのは、つま先からの着地を繰り返すことで鍛えられていったことが考えられます。ロナウドが陸上のスターティングブロックを使って走る映像をスローで見てみると、ウサイン・ボルトとまったく同じ位置に1歩目が着地していました。サッカー選手、陸

上選手というジャンルに関係なく、速く走るために必要なことは変わらないのだと感じました。

　フランスの若きスピードスター、**キリアン・エムバペ**もそうです。ドリブルのときのフォームがとてもきれいで、上半身がまっすぐに立った状態で、体の真下に足を着いて走っています。長い距離をドリブルするのが得意な選手ですが、スピードが落ちるどころか、どんどん加速していけるのは、良い姿勢を保ちながら走っているからだと思います。

　速い選手は、片足が着地したときに、股関節、膝関節、足関節のそれぞれの関節の角度がほとんど変わりません。逆に遅い選手ほど足が地面に着地した際に膝が曲がったり、かかとが地面に着いてしまったり、股関節がぐらついてしまい、それぞれの関節の角度が大きく崩れてしまいます。

　2018年のロシアワールドカップのアルゼンチン戦では、エムバペは何十メートルもドリブルで独走してゴールを決めましたが、着地した際に、股関節、膝関節、足関節の角度がほとんど変わりませんでした。1歩1歩の着地で力がまったく逃げず、地面にしっかりと力を加えられていました。

スプリント回数と走行距離の相関関係

　サッカー選手の指導をしていくと、さまざまな効果が見られました。個人的に指導した選手たちの最高速度・スプリント回数・走行距離、どれもが伸びを示したのです。

　スプリントのトレーニングをしているわけですから、最高速度やスプリント回数の数値が上がるのは、当然と言えます。
　興味深いのは、走行距離です。実際に槙野選手や宇賀神選手は「90分間、体力が持つようになった」とうれしそうに話してくれました。
　宇賀神選手に話を聞くと、「前までは100％の力で100％のスピードを出していたけど、走りの指導を受けてから80％、90％の力で100％を出せるようになった」と言っていました。

　槙野選手、宇賀神選手に共通するのは、走りを改善することで、効率良く自分の力を使えるようになり、無駄に体力を消耗しなくなったことです。

サッカー選手の指導後の変化

- **最高速度** 平均 2.5km 向上
- **走行距離** 平均 2.5km 向上
- **スプリント回数** 平均 7.8 回向上

　宇賀神選手には、全力でスプリントしようとすると肩に力が入りすぎる癖がありました。指導を始めた頃の走りを見てみると、走るたびに肩が上がり、腕振りが小さくなってしまっていました。

　どうすれば肩の力が抜けるかと考えて、「走るときの手をグーではなくパーにしてみたらどうか？」とアドバイスをしました。すると、上半身をうまくリラックスさせられるようになって、力感のない走りにつながっていきました。

手の形はどちらが正しいというものではありません。その人にとって一番良い形が何かというのは、人それぞれ違います。
　宇賀神選手にとっては、パーにすることで手のひらの力みが取れ、肩の力も抜けてリラックスした腕振りにつながっていきました。
　どちらかというと、技術を修正するまでに時間がかかるタイプでしたが、トレーニングを積み重ねていくなかで、理想的な走りを体得していったのが宇賀神選手です。

　2017年、宇賀神選手が30歳で日本代表に初めて選ばれたときのことです。
　初めて日本代表に選出されると、日本サッカー協会が5人まで送れる感謝状を選手に渡してくれるそうです。その感謝状は選手が誰に渡すかを決めることができます。宇賀神選手はその1人として私を選んでくれたのです。

　そこには「<u>あなたのスプリントトレーニングが私のサッカー人生を変えてくれました</u>」というメッセージが書いてありました。スプリントコーチになって、これほどうれしかったことはありません。本当に感動しました。

2017年、宇賀神友弥選手から日本代表初選出時に「お世話になった指導者」の1人として感謝状を贈られる

　日本と世界のサッカーを、走りの点で比較した興味深いデータがあります。それがJリーグとドイツ・ブンデスリーガの合計36クラブの走行距離を測ったものです。
　「1試合でどれだけの距離を走っているか」を示す総走行距離は平均11キロでほとんど変わりませんでした。
　しかし、「どれだけのスピードで走っていたか」を示す速度域別のデータに関しては明確な違いがありました。

時速14キロ未満（50メートルで12.5秒まで）での走行距離は上位11チームがJリーグのクラブで占められました。それが時速14以上〜21キロ未満（50メートルで8.5秒〜12.5秒）での走行距離になると、1位から16位までがブンデスリーガのクラブになったのです。
　時速21以上〜24キロ未満（50メートルで7.5秒〜8.5秒）になると、上位18チームにはJリーグのクラブが1チームしか入っていませんでした。

　ここから読み解けるのは、Jリーグとブンデスリーガでは同じぐらいの距離を走っているということ。しかし、試合中に選手が走っている速度は、Jリーグよりもブンデスリーガのほうが速いということです。

　海外のサッカーを見ていると、何人もの選手が全力でスプリントして一気にゴールに向かっていったり、ボールを持った選手に素早くプレスをかけにいったりというシーンがたくさんある印象があります。

　私はサッカーの専門家ではありませんし、このデータをもってブンデスリーガのほうがJリーグよりも優れているなどと言うつもりはありません。Jリーグのサッカーにも世界

速度域別の走行距離

Jリーグ		ブンデスリーガ
112,624	総走行距離	114,376
88,362	時速14km未満	86,313
18,486	時速14以上～21km未満	21,779
3,045	時速21以上～24km未満	3,540
2,731	時速24km以上	2,740

(単位：m)

Football LAB

に通用する素晴らしさはあります。

　ただし、Jリーグの選手に指導をするときには、こういったデータを見ることで、少しでも走ることへの意識や視野を広げることも大切であると考えています。

サッカーのための
トレーニングとは？

　サッカー選手の指導を重ねるなかで、走りのトレーニングとサッカーのトレーニングを融合できないかと考えてきました。

　「サッカーと陸上の走りは違うでしょ？」と言われてきましたが、確かに違いは多くあります。サッカーでは、試合中の方向転換や止まる動き、直線的な動きだけではないなど多くの違いがあります。
　個人指導しているサッカー選手から意見を取り入れて、実際の試合で発生する動きを走りのトレーニングに落とし込むことを大切にしていきました。

　ボールを持って仕掛けてくる選手に対して、スピードで振り切られて裏を取られないようにするために考えたのが「1対1反転」トレーニングです。オフェンスの選手とディフェンスの選手が正面に向かい合って、オフェンスの選手は裏を取るためにスピードや方向の変化をつけます（トレーニングの詳細はP147）。

正しい着地や正しい姿勢は、トレーニングの最中は意識できていても、実際の試合になり、相手がいる状態だとできなくなってしまうことが少なくありません。大事なのはどれだけ試合のなかで出せるかです。

　1対1反転トレーニングの映像を見ると、反転したときにまっすぐな姿勢がつくれていない、抜かれそうになると焦ってかかとから着いてしまう、といった問題点がはっきりと見えてきます。
　うまくいかなかったときは「どうしてこうなったのか？」を逐一映像で確認し、その課題を修正するために必要なトレーニングをします。足を着く位置がずれていたら「牽引走」、かかとがつぶれていたら「前進ジャンプ」など、目的を説明することも重要です。

　そうやってから、もう1回トレーニングをすると、成功率が上がります。
　うまくいったときも同じように、そのときの映像を確認して、よかったところをフィードバックします。
自分の動きを客観視する習慣がつけば、日々の練習のなかで自分で課題を発見して改善していけるので、飛躍的に伸び率が上がっていきます。

サッカー用に開発したトレーニング法の1つが、コーチが投げたボールを2人が反転して追いかけるというものです。サッカーの試合において、こぼれ球を追いかけるシーンはたくさんあります。素早く追いついてマイボールにするためには、初速が重要になります。

　反転の動作が入ると、まっすぐ走り出すときよりも、1歩目を着く位置がずれてしまいがちになります。しかも、ボールがどこにあるかを目で追いかけながら走らなければなりません。
　陸上と違って、ボールを追いかけなければならないのがサッカーです。そうしたサッカーならではの環境を再現し、いわばストレスをかけた状態でも、正しい着地ができるようにトレーニングをしていきます。

　大事になるのは、トレーニングの目的が走りの改善であるということです。ボールを追いかけて先に触った、触れなかったで一喜一憂するのではなく、そのときの走りがどうなっていたのかを分析して、良かったところと悪かったところを検証していく。
　目的と手段が入れ替わらないように気をつけなければなりません。

パワーポジションで構える

　サッカーの指導を始めて疑問に感じたのが、1対1の守備になったときに、<u>極端に低い姿勢になる選手が多いことでした</u>。完全に腰を落とす構えは、ダッシュの1歩目が遅れる要因になります。目の前にいる場合は何とかなるのですが、相手にかわされて反転したときに、姿勢が崩れているのでスピードが出せず、振り切られてしまうのです。

　槙野選手にも低く構える癖がありました。スプリントするときは正しいフォームをつくれているのですが、1対1の守備になるとボールを見すぎてしまい、背中が丸まる癖がありました。

　お手本にしたのは、スペイン代表の**セルヒオ・ラモス**です。1対1になったときの映像を見ると、日本の選手と違って、上体を起こした「きれいな姿勢」で立っています。

　守備の構えにおける最も重要なポイントは、「<u>骨盤が立っているかどうか</u>」です。指導の際にこの表現をうまく伝え

⭕ 骨盤が立っている

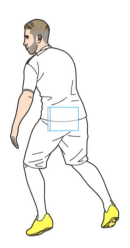

△ 骨盤が寝ている

るためにいろいろな言葉がけをしてきました。「腰を入れる」「デットリフトの構え」などです。

　選手によって腑に落ちる言葉がけはそれぞれでした。

　セルヒオ・ラモスは相手がボールを持っていて仕掛けてきたときに、一度下がっても、相手が切り返したのを見たら、すぐに体勢を立て直して前に出て距離を詰めています。

　骨盤が立った状態になっているので、前後左右のどちらにも素早く動ける状態になっているのです。

　背中が丸まっていると骨盤が倒れ、椅子に座っているような構えになってしまうので、ボールを持った相手に揺さぶられると、グラグラしてバランスを崩します。

　槙野選手に話を聞くと、ボールを見ていると無意識のうちに低い姿勢になってしまうということでした。

　もちろん選手によって意識はそれぞれですが、槙野選手にはボールだけを見るのではなく、胸あたりに視線を置くように意識してもらいました。

　そうすると、自然と上半身が起き上がるので、骨盤が立った状態をつくりやすくなります。

また、サッカーの守備において重要な技術だと感じるのが「止まる」という動作です。

　たとえば、こんな場面。ボールをもっている選手に対して、ディフェンスの選手がスピードを上げて寄せていく。相手と1メートルくらいの間合いになったら、ピタッと止まる。100のスピードを一気に0にするのは、かなりの技術が必要になります。

　止まるのがうまいと感じたのが、ロシアワールドカップで世界一になったフランス代表を支えた**エンゴロ・カンテ**です。常にかかとを浮かせていて、腰が入った状態になっています。ボールをもった相手が、切り返しやスピードの変化でかわそうとしても、カンテは跳ねるように走り出してついていきます。
　カンテの動きをスローで何度も再生してみると、止まるときにかかとからではなく、つま先から足を地面に着けていました。セルヒオ・ラモスもそうです。

　それでは、なぜ世界のトップ選手たちは、ディフェンスのときにかかとを浮かせたままにするのか。そのほうが、<u>止まったあとに方向転換をしやすいからです。</u>かかとを着

けてしまうと、後ろに体重がかかることでブレーキがかかり、スムーズに次の動作に移れません。

　ただし、つま先で止まるのは、かなりの筋力が必要となります。十分にトレーニングしていない選手が、トップスピードに乗った状態からつま先で止まろうとしても、バランスを崩してしまうでしょう。

　セルヒオ・ラモスもカンテも、まっすぐな姿勢を保って、かかとを浮かせた走り方をしていることが、このような止まり方につながっていると考えられます。

スプリントコーチ×プロ野球選手×プロサッカー選手　特別鼎談

走法革

プロ野球界を代表する名打者の内川聖一、
Jリーグの強豪クラブで
不動の地位を築く宇賀神友弥――。
秋本真吾に個人指導を受けてきた
トップアスリートが、
「走り」をテーマに語り合った。

宇賀神友弥
（プロサッカー選手）

撮影 プレイサイド 岡野進司

命

秋本真吾
（スプリントコーチ）

内川聖一
（プロ野球選手）

アウトになっていたのを
セーフにしてやろう

秋本
僕が個人的に指導させてもらっている野球の内川さん、サッカーの宇賀神さんと「走り」について話していきたいと思います。宇賀神さんは、サッカー選手、野球選手を合わせても一番指導してきた期間が長い選手です。「僕がこういう走りをしてほしいな」という走りを一番体現してくれています。ですが、今のような走りを、すぐにできたわけではなかったですよね？

宇賀神
はい（苦笑）。

秋本
かなり積み重ねて、できないをできるに変化させていったという印象があります。初めて指導したのは、2014年に八丈島でやったキャンプです。走り方を教わろうと思ったきっかけは何でしたか？

宇賀神
槙野（智章）ですね。「走りに特化して教えてくれるコーチとトレーニングするけど、一緒にどう？」と。

それで参加して、最初に自分の走っている映像を見せてもらって、衝撃を受けましたよね。

秋本 自分の思っていた動きではなかった？

宇賀神 はい、まったく（苦笑）。足の速さにはそれなりに自信はありました。だから、自分の走り方に問題があるなんて思ってもいなかった。でも、秋本さんは僕の走りを１回見ただけで、たくさんの改善点を教えてくれた。「まだまだ伸びしろがありますよ、もっと良くなりますよ」と言ってくれました。そこから６年間ですか、ちょっとずつ積み重ねながら、だんだんつかめてきた手応えがあります。

秋本 逆に、内川さんは僕が教えてきたサッカー選手、野球選手のなかで一番、修正能力が高い選手です。ただ、指導の依頼を最初にもらったときに思ったのは、「足を速くする必要があるのか？」ということでした。セ・パ両リーグで首位打者になって、2000本以上打っている人ですから。

内川 走りの重要性はずっと感じていたんです。ただ、

本格的に教わろうと思ったのは、ベテランになって怪我が増えてきて、自分の動きを見つめ直さなければいけないと感じたからです。あとは、もしも内川が左バッターで、もっと足が速かったら、もっとヒットを打てていただろうと言われたこと。プロ野球では右バッターと左バッターがいて、左バッターのほうが一塁に近い分、内野安打になりやすい。そう言われるのが、僕はすごく悔しくて。だったら、足を速くして今までアウトになっていたのもセーフにしてやると。

秋本

内川さんは足の速さには自信があったんですか？

内川

走ることは得意じゃないし、どちらかといえば苦手な部類でした。人間って、自分が得意なものに目が向くじゃないですか。僕で言えば、バッティングを良くしようとするのは楽しい作業です。でも、苦手なものを克服できたら、野球選手としてもう一つ上に行けるんじゃないかと。それに自分が将来、人に教える立場になったときに、必ず役に立つだろうなと思いました。

Seiichi UCHIKAWA

内川聖一

1982年8月4日生まれ。大分県大分市出身。大分工業高校卒業後、2000年に横浜ベイスターズへドラフト1位で指名されて入団。2008年にレギュラーに定着し、日本人選手のセ・リーグ記録を更新する打率378を記録し、首位打者を獲得。2011年より福岡ソフトバンクホークスに活躍の場を移し、初年度に打率338で首位打者に。史上2人目のセ・パ両リーグでの首位打者になった。2008年から2014年まで7年連続の打率3割達成は史上4位タイ。2018年にはNPB史上51人目の通算2000本安打を達成した。

秋本　内川さんが若手にバッティングを教えるところを見せてもらったんですが、ものすごく理論的でした。バットのどこに当たっていて、どんな振り方をしているから、こういう打球になっているということをズバズバと言い当てていて。

内川　野球で教えるときって「パーンと当てろ」とか「グッと腰を入れて」とか言う人が多いじゃないですか（笑）。それでイメージが湧くならいいけど、イメージが湧かない人もいる。大事なのは、その人のレベルに合わせて目線を落としてあげること。秋本さんは、走りの知識がない僕らに対して、陸上界の専門用語じゃなくて、わかりやすい言葉で説明してくれる。初めて指導してもらったときから、スッと入ってくる感覚がありました。

グーからパーにしたら上半身の力感がとれた

秋本　あらためて、2人のフォームがどう変化していったのかを振り返りたいと思います。まずは宇賀神さんから。6年前の2013年に、何も言わずに1本走ってもらったときと比べて自分の動きはどうですか？

宇賀神　今、「昔の走り方してください」って言われたらできないなと（笑）。自転車に乗れるようになった人に

転んでくださいっていうのと同じで、転ぼうと思っても転べないじゃないですか。

秋本

宇賀神さんの特徴は前傾姿勢になっていることでした。足を体より前に出そうとしているので、かかとからの着地になっています。こういう走り方をしている人は、サッカー選手でも野球選手でもかなり多いです。

内川

体重が前にかかればかかるほど、足がついていって速くなる、みたいな感覚があるんじゃないかと思います。

秋本

これがどう変化したかというと、ちょうど1年前、2017年末に「マーク走」をやってもらったんですけど、着地のたびにパンッという音がしました。地面に着地している時間が短くて、大きい力を出しているということができていました。あとは上半身です。最初は上半身にすごく力が入っていて、肩も上がっていたんですが、コンパクトな腕振りになっていきました。

宇賀神友弥

1988年3月23日生まれ。埼玉県戸田市出身。流通経済大学から、2010年に下部組織で育った浦和レッズに入団。1年目から32試合に出場する。2012年に就任したミハイロ・ペトロヴィッチ監督の下では、左ウイングバックとして不動の地位を築く。2017年、浦和での活躍を認められて日本代表に初選出。国際親善試合マリ戦で国際Aマッチデビューを果たす。2018年の天皇杯決勝ではボレーシュートを決めて優勝に導く。同年、埼玉県にサッカースクール「Esforço FOOTBALL SCHOOL」を立ち上げた。

宇賀神

それまでは手をグーにして走っていたんですけど、「パーにしてみたらどう?」と秋本さんに何気なくいわれて試してみたんです。そうしたら上半身の力みがなくなって、腕をうまく振れるようになりました。

秋本 よく、手はグーがいいかパーがいいか聞かれるんですが、実はどちらでもいいんです。大事なポイントは、手のひらに力を入れないこと。小学生のかけっこ教室でも腕がうまく振れていない子は、みんな手に力が入っている。そういうときに「パーにしてみたらどう?」と言うことはあります。

宇賀神 こんなに変わるものなのかと驚きました。

秋本 もう1つの変化が、体の真下に足を着くようになったこと。宇賀神さんにやってもらったのが「マーカー走」です。ストライドは広ければ広いほうが良いですが、無理に広げようとすると足が伸び切って、かかとからの着地になってしまいます。自分の歩幅に合った場所にマーカーを置くことで、力を発揮できる正しい場所を見つけやすくなるからです。

宇賀神 正しい位置に着地できれば、勝手に浮かぶような感覚があるんです。ポーン、ポーンと。だから、長い距離を走っても、疲れなくなりましたね。サイドで長い距離のスプリントをすることが多いのですが、並走している選手がしんどそうな顔をしている

と、「すごいきつそうだな。こっちは楽だけど」と思います(笑)。

秋本　僕が「このシーン、こうでした」「何分何秒の走り、こうでしたよね」みたいなのをLINEしていましたが、そのうち、本人からそこを切り取った動画をアップしたものが送られるようになってきました。

宇賀神　「このときの走りは良かったな」というのを90分のなかで感じるときがあって、そういうシーンとかは秋本さんに動画で送って、「どうですか?」とフィードバックをもらっています。

秋本　だからこういう会話もできますし、積み上げてきた成果というのが、そういうところにも表れているのかなと思います。

盗塁の構えから スタートできる

秋本

内川さんのケースで、まず、気がついたのは、地面を蹴る動作が入っていること。スローで見ると、地面に足を着いたあと、後ろに足を振り出しているのがわかります。この走り方だと腱反射がうまく使えず、もも裏の筋肉で体を強引に引っ張ってくる形になるので、肉離れをしやすくなります。初めて自分の走りを分析したときはどうでしたか？

内川

正直、頭の中はパニックですよね（苦笑）。どうやったらできるようになるんだろう、と。当時はまだ秋本さんに言われることを具体的にイメージできなかった。今はだいぶ自分の中のイメージも多くなってきたので、「ここが変わったんだな」というのがわかるようになってきましたね。

秋本

先ほども言いましたが、内川さんは修正能力がすごい。自主トレの1日目の午前中に話していたことが、午後にもう修正できているんです。何度かト

レーニングを重ねたらすぐに、すごく良いフォームになりました。

宇賀神
すごいなぁ。僕が4年くらいかかったことをすぐにできちゃうなんて……。

内川
自分のなかでも、走っている途中に「ハマったな」と感じることがあるんです。秋本さんに絶対にほめられるだろうなって（笑）。そういうときは走っていても気持ちいい。

秋本
内川さんは、走り方を良くするためによかったなというメニューはありますか？

内川
牽引走です。腰にベルトを巻いて後ろから引っ張ってもらいながら走るんですけど、後ろの人が支えてくれる安心感があるから、体を前に思い切って倒せる。フォームをつくることに集中できるんです。

秋本
牽引走を見た人には、タイヤを腰につけて引っ張るみたいな、下半身のパワーをつけるための練習と思われがちですが、全然違っていて、フォームづ

Shingo AKIMOTO

くりが目的です。

内川
もう1つ良かったのは、秋本さんが考えてくれた、横を向いた状態からスタートする練習です。

秋本
野球の盗塁をスローで見てみると、走り始めるときに「ヨイショ」と腰を落とす選手が多くて、もったいないなと思っていたんです。低く構えたときに、ちょっとかかとを浮かす、陸上のスタートと同じ状態を最初からつくっておけば、より早くスピードに乗れるんじゃないかと。

内川　野球の盗塁は横を向いた状態から走り始めるので、基本的にまっすぐ走り始める陸上とは違った動きになるんです。陸上の走りを野球に落とし込もうと考えたら自然な発想だと思います。

秋本　ちょっと心配だったのが、「牽制されたときに戻れるのか?」ということでした。僕は野球選手じゃないので、そこはわからない。内川さんにもやってもらったら、全然気にならないと言ってもらいました。

内川　最初の数歩でトップスピードに乗るためには、1歩目がすごく大事なんですよね。前に前にという気持ちが強くなると、つい1歩目が大きくなって、腰が抜けてしまう。だから、1歩目を体の真下に踏み込んで、腰をしっかり入れることを意識しました。

秋本　その練習の映像があるんですけど、1歩目の位置がすごく良いんです。大げさじゃなく、ウサイン・ボルトがスタートで飛び出したときと変わらない。まっすぐな姿勢をつくれていて、かかとがつぶれていないから、どんどん歩幅が伸びていく。内川さんの走りを見ていると、僕自身も刺激を受けます。

サッカースパイクで 野球の試合に出た理由

秋本

野球選手は野球スパイクを履く、サッカー選手はサッカースパイクを履くのが当たり前だと思うんですけど、内川さんはサッカースパイクを履いてプロ野球の試合に出たことがあるんですよね。

内川

秋本さんとスパイクの話で盛り上がって、それで興味があってサッカーショップに見にいったんです。そうしたら、めちゃめちゃ軽くて、柔らかい。これは良いじゃないかと思って、ミズノの「モレリア」を履いて何試合か出ました。

秋本

周囲はどんなリアクションだったんですか？

内川

ミズノとはウェアの契約をしているんですが、僕がサッカースパイクを履いたということを担当者から聞いた工場の人が直接来てくれて、「サッカースパイクにはどんな違いがあるんですか？」と聞かれたので感想を伝えました。野球のスパイクはどち

らかというとスパイクに足を入れる感覚なんですが、サッカーのスパイクは自分の足にスパイクが合っていくみたいな感覚がある。サッカーは野球に比べても走る時間が長いし、実際に走りやすい。野球なら野球、サッカーならサッカーという考え方の人が多いですけど、ほかのスポーツから学べることはたくさんあると僕は思っているので。サッカーもラグビーも観にいってヒントを探しています。

秋本
内川さんはウェアの契約はしているけど、シューズの契約はしていないんですよね。だから、自分が好きなシューズを好きなときに履ける。ナイキのランニングシューズ「ヴェイパーフライ4％」を履いて練習している野球選手は、たぶん球界で1人だけなんじゃないですか（笑）。

内川
自分がそのときに使いたいものを使いたいですし、自分が良いと自分の気持ちが反応することに素直でありたいので、あえて靴だけは契約から外してもらって、いろんなところのスパイクを履きたいと思っています。この前、海外旅行に行ったときにも、見たことがないシューズを売っていたので買ってき

ましたから（笑）。

陸上の走りと
サッカー、野球の違いは？

宇賀神　僕、野球は素人なんですけど、塁に出ていて次のバッターがヒットを打ったとき、「二塁までしか行けないな」というときと、打った瞬間に長打だったら「三塁まで行ける」とかあるじゃないですか。そのときにセーフになる場合とアウトになる場合は、何が違うんでしょうか。

内川　走り方がものすごく重要です。しかも、野球ってまっすぐ走るだけじゃなくてターンもあるんですよ。だから、打球の行方を見ながら、どのくらい膨らむのかとか、膨らんだあとにどんなコースをとるのかとかが大事になってくる。単純にタイムをとったら速い選手でも、走塁のタイムがすごい遅い選手っているんですよ。

宇賀神　なるほど……。

秋本　「陸上とサッカーと野球って動きが違うじゃないですか」ってよく言われますけど、そのまま陸上の走りをしてくださいとは、こっちも全然思っていないです。でも、技術のいいとこ取りをするのはすごく大事なんじゃないかなと思っています。

内川　僕が試合で盗塁したら、多くのメディアで「内川が

走った」と取り上げられたんです。そのときの周りの選手のリアクションが面白くて、「すごいな」という人もいれば、「走りのトレーニングをしているらしいけど、野球と陸上って違うじゃん。それをやって何の意味があるの?」という人と、両方いるんです。僕としてはラッキーというか、「むしろわかってくれないほうが得だよね!」と思っているんですけど(笑)。

宇賀神 その気持ちはわかります。

内川 ただ、今年(2018年)は僕自身、成績も出なかったので、「走り方を変えて体のバランスがおかしくなったから、バッティングに悪影響が出たんじゃないか」と言う人もいる。

秋本 実はこの前、僕のホームページに「内川選手が今年不調だった理由は、走りを教わったことだと聞きました。あなたの走りの指導がきっかけで不調になったのではないですか?」というメールが来たんです。走りの指導をすることで本業の結果に悪影響が出るのは本末転倒ですから、内川さんと腹

を割って話したいなと思って電話したんです。そのときに「不調の理由は別のところにあって、走りは影響していない」と言ってもらったんですが、そういうディスカッションは、どんどんしたいなとすごく思っています。

内川

周りから見ると、評価の基準は数字だとか結果でしかないですから。もちろんそれは大事なことだけれども、やっていることがすぐ結果につながるかというと、また別の話です。僕自身は、今まで当たり前とされてきたことを当たり前としてやるのではなく、「本当にそうなの?」と考えてみて、新しいことにチャレンジしていくことが必要だと思っています。

宇賀神

今の話を聞いていてもわかりますけど、秋本さんの良いところって「自分がすべて正しい」と思っていないところなんです。僕たちがどうすればもっと良くなるかを真剣に考えてくれている。いつも「サッカーに必要ないと思ったら取り入れないでください。正しいと思うことを一緒に突き詰めていきましょう」と。それが、これだけのスポーツ選手から引っ張

りだこな理由なのかなと思います。ただ、6年前からやっている僕としては、あんまり有名になりすぎないでほしい（笑）。

内川　秋本さんの場合、いろんなスポーツを見ているなかでの指導だったので、自分の野球の感覚と、秋本さんの陸上の感覚をすり合わせながらやれるのが大きいです。僕自身の考え方を交えて結論を出してくれるので、すごくありがたいなと思っています。

秋本　ありがとうございます。
これからも2人とともに、僕自身も走りを追求していきたいと思います。

この鼎談は「0.01SPRINT PROJECT」が主催したトークイベント「0.01 SPRINT LAB.」での内容をもとに再構成したものです。

"最走"トレーニング

① 正しい姿勢

走り方トレーニングで最初に行うのが「姿勢づくり」。頭のてっぺんから足の先まで一本の「串」が通っているような状態が速く走るためのベースになる。腕を大きく振ったり、足を高く上げたりして、フォームが崩れているとトップスピードは出ない。

POINT

まっすぐな姿勢をイメージしづらいときは、身長を測るときのように、壁に背中をつけたまま立って、頭の後ろ、背中、かかとの3つを壁にくっつける。

目線は前、背中が伸びている

まっすぐな姿勢のまま足を上げる

背中が丸まって猫背になっている

背中も丸まり膝も曲がっている

② 正しいフォーム

正しい姿勢をとったら、そこからフォームをつくっていく。まっすぐな姿勢を保っていると、自然と体の真下に着地できて、大きな力を出しやすい。止まった状態ではまっすぐな姿勢ができていても、動き始めるとフォームが崩れる場合が多いので注意する。

POINT

最初から走り始めるのではなく、まっすぐな姿勢をつくったら、ゆっくりと、フォームを保ちながら歩く。そこから徐々にスピードを上げていく。

背筋がまっすぐに伸びている

走ってもフォームが崩れない

着地のときに膝が曲がっている

くの字の状態になってしまう

③ ハードルまたぎ

回数：左右各ハードル 10台×3setずつ

速く走るために重要な「正しいフォーム」と「足を着く位置」を身につけるためのトレーニング。ハードルをまたぐときは、まっすぐな姿勢を保ったまま、足をしっかりと上げる。地面に足を着くときはかかとがつぶれないように、つま先で体重を支える。

POINT
ハードルをまたぐときは片足立ちになるので、バランスを崩しやすい。背中がピンと伸びた、まっすぐな姿勢を保ったまま、ゆっくりと、大きく行う。

体を横にしてハードルをまたぐ

リバースアングル

片足立ちでもまっすぐな姿勢を保つ

リバースアングル

④ けんけん

回数：左右10歩ずつ×3セット

子どもの頃に誰もがやった「けんけん」を応用したトレーニング。走る時は片足立ちになる瞬間があるため、片足で自分の体重を支えるのが目的。地面に着く足は、膝が曲がったり、かかとがつぶれたりしないように気をつける。

POINT
着地するときの姿勢に気をつける。膝が曲がりすぎたり、できるだけ地面にかかとをつけないようにする。そのとき、つま先着地になりすぎないように気をつける。

OK

まっすぐな姿勢で着地している／地面に着地している時間はできるだけ短く行う

NG

着地した足の膝が曲がっている

前への推進力がうまく出せない

⑤ なわとび

回数：10回×3セット

まっすぐな姿勢をつくって、なわを前から後ろに回して跳び越える。前回しにすると猫背になりやすいので、そのときは背中が自然と伸びる後ろ回しで行う。まっすぐな姿勢を保ったまま、かかとがつぶれないように着地するのがポイント。地面からの反発をうまく使えば、連続でジャンプしても疲れづらくなる。

> POINT
>
> 正しいフォームを意識しながら、1回1回ゆっくりと大きく行うこと。なわとびを回すリズムが早いと膝が前に出過ぎたり、かかとがつぶれたりして、フォームが崩れる原因になってしまう。

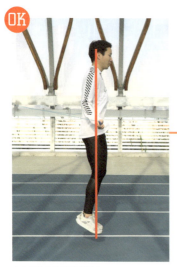

なわを前から後ろに回す

着地ではかかとを浮かせる

着地で膝が曲がったり、かかとがつぶれたりすると、腱をうまく使えないので、ジャンプで十分な高さが出ない

⑥ 前進ジャンプ

回数：10マーカー分 × 3セット

2長足分（靴2つ分）の距離を目安にマーカーを並べる。まっすぐな姿勢を作ってから、マーカーとマーカーの間をジャンプし進んでいく。ジャンプ中もまっすぐな姿勢を保つことを心がける。腱の力をうまく使えていれば、飛び跳ねるようなジャンプができる。

POINT

一番力の入る場所で着地する感覚をつかむのがポイント。マーカーとマーカーの間に空き缶が置いてあるところをイメージし、上からまっすぐに踏みつぶすイメージで着地するとよい。

OK

つま先からの着地で反発力を生む

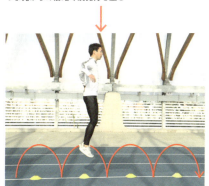

着地したときに膝が曲がったり、かかとが地面につかなければ弾む感覚をつかめる

NG

着地したときにかかとがつぶれて、膝が前に出ている。足の力に頼ってジャンプするので大きな負荷がかかる

⑦ マーク走

回数:10 マーカー分 × 3 セット

平べったいマーカーではなく、少し高さのあるミニハードルを並べるのがポイント。ミニハードルに引っかからないように、自然と足を高く上げるので、大きな力を地面に加えることができる。まっすぐな姿勢を保ちながら、着地のときはかかとを軽く浮かせて、地面からの反発をうまく使う。

> **POINT**
> 自分の歩幅に合った場所にマーカーを置くことで、力を発揮できる正しい着地場所を見つけやすくなる。自分のピッチやストライドに合わせて、マーカーの間隔を調整してみよう。

足を上げてミニハードルをまたぐ

膝は上ではなく前に出しながら進んでいく

ハードルとハードルの間に足を着く

地面に着地している時間は短く、地面を蹴らないように行う

地面を蹴りすぎるとお尻にかかとがつき、足の裏が上を向いてしまい、次の足も前に出にくくなってしまう

⑧ 牽引走

回数：20〜30メートル ×3セット

2人で1組になって、牽引用のゴムをつけた状態で、体を前傾させて、かかとを浮かせたスタートフォームをつくる。まっすぐな姿勢と、1〜3歩目までは体の近くに足を着くことを意識して前に進んでいく。後ろから引っ張られているので、すぐに上体を起こすと力が入りづらくなり推進力も失われてしまう。

POINT

後ろの人が適度な強さで引っ張ることによって、走る人は自然と体に近い位置に着地できる。ただし、あまり強く引っ張ると走る人が前に行けなくなるのでフォームが崩れてしまう。

正しいスタートフォームを作る

1歩目を着く位置は体の近く

まっすぐな姿勢を意識する

だんだんスピードを上げていく

野球アレンジ

野球の盗塁と同じ構えを作る

横を向いた状態からのスタート。1歩目を体から近い位置に着地して、まっすぐな姿勢で走るのは変わらない

⑨ ボール競争

回数：5回

サッカーの試合中に多発する、ボールを追いかけるシーンを再現したトレーニング。ボールが出た瞬間というのは、急いで追いかけなければと思って、前傾姿勢になったり、足を前に着いたりしてフォームが崩れやすい。走りのトレーニングでやったことを、試合のなかに落とし込めるように意識する。

> **POINT**
> 大事なのは、勝った負けたではなくフォームをつくれているか。動画を撮って、ボールを追いかける瞬間の1歩目は正しい位置に着いているか、まっすぐな姿勢をつくれているかを検証する。

正面スタート

前を向いた状態から2人が同じタイミングで動き出す。1歩目を体に近い位置に着くことがポイント

反転スタート

後ろを向いた状態から反転して追いかける。奥の選手がフライングで動いて焦りやすい状況をつくる

⑩ 1対1反転

回数：5回

オフェンス役の動きにディフェンス役がついていくトレーニング。目的は下がったり、反転したりといった動きのなかでも、姿勢を崩さずに走れるようにすること。オフェンス役の選手に「ここまでには動きの方向を決める」というラインを設定しておく。

POINT
下がりながらのステップになるので、背中が丸くなったり、反転したときに姿勢が悪くなる。骨盤を立たせ、まっすぐな姿勢を維持することが大事

後ろに下がりながら対応する

動きに合わせて反転する

まっすぐな姿勢を保つ

離されずについていく

⑪ 1対1方向転換

回数：5回

サッカーにおける、ボールをもった選手がドリブルで切り返しについていくプレーを、ボールなしで行うトレーニング。2人が向かい合った状態から、中間地点に置いたマーカーに走って、オフェンス役がどちらかに動く。ディフェンス役はそれに合わせてついていく。

POINT
動きについていくことを目的にすると、フォームが崩れる原因になってしまう。正しいフォームで走れているかを意識しながら1本1本行う。

中央のマーカーに寄っていく

オフェンスがどちらかに切り返す

1歩目はできるだけ体の近くに着く

まっすぐな姿勢で走って追いかける

⑫ 筋トレ 仰向け

回数：10回

仰向けの姿勢になって、両足にメディシンボールを乗せて、膝を曲げた状態で止める。スタートポジションをとってから、ゆっくりと両足を伸ばしていく。かかとを地面に着けないようにしながら2、3秒キープする。体の深い場所についている筋肉が鍛えられる。

POINT
メディシンボールを足に挟む、もしくは乗せることによって腹筋の深いところに負荷がかかる。最初から最後までまっすぐな姿勢を保つことでトレーニング効果が高まる。

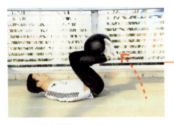
ヒザを曲げた状態からスタート

足を伸ばしたままキープする

⑬ 筋トレ 両もも上げ

回数：10回

両腕を乗せた状態でぶら下がってから、両ももを腰と水平の高さまで上げる。そこから、両ももを手前に引きつけたままキープする。腹筋のなかでも下の方、骨盤周りの筋肉を鍛えられるトレーニング。専門器具がない場合は、鉄棒にぶら下がっても同じ効果を得られる。

POINT
空中に浮いている状態でボディバランスをキープして、腹筋に強い負荷をかけるのが狙い。正しい姿勢をキープしながらゆっくりと丁寧に繰り返す。

両ももを腰の高さまで上げる

両ももを体に引きつけてキープ

⑭ 筋トレ シットアップベンチ

回数：10〜30回

シットアップベンチというトレーニング器具を用いた腹筋運動。腹筋を伸ばした状態をつくりやすくトレーニングの効果を高められる。お尻をベンチから少し出し、足が自然と下がる状態になるようにする。体を伸ばした状態からバタ足をしたり、メディシンボールを足で挟んで上下に動かしたりして腹筋を鍛える。

> **POINT**
> 体を伸ばしたときに足が床に着いてしまう場合は、ベンチの高さや角度を変える。ベンチの角度をつけすぎて腰を反らしすぎると、腰に過剰な負荷がかかってしまうので慎重に行おう。

バタ足

足を伸ばしたままバタ足を繰り返す

ボール上下

メディシンボールを足で挟む

そのままゆっくりと上下に動かす

エピローグ

　2012年の日本選手権を最後に、私は陸上選手として引退しました。引退後も陸上競技で培ってきた経験は何かしらに生きるだろうと思っていました。

　ただし、スプリントコーチという職業を確立するまでの道のりは、競技者として結果を残す以上に難しく厳しいものでした。

「人の足を速くするのを仕事にするなんて無理だって」
「そんな人いないじゃん」
「普通に就活して就職したほうがいいって」
「競技者としての成績がないんだから厳しいと思うよ」

　相談した人たちすべてに反対されました。
　やるのは自分なんだし、やってダメなら諦めようと、そのときは思っていました。
　そんなとき、東京都の渋谷区からの委託事業として小中学校の授業で走り方を教える機会をいただきました。

大学生以上を教えた経験しかなかった私は、当時、小学校1年生の指導に対してこう言葉がけをしていました。

「軸を意識して！」「重心を前に！」「地面をドンと踏んで！」「足を素早くはさみこんで！」
　子どもたちのぽかーんとした表情。いくら説明しても伝わらない。何で動きが変わっていくか。それは目の前で私が見本を見せたときだけでした。

　現役時代、為末大さんの付き添いで、親子のかけっこ教室で全国を行脚したことがありました。あるセクションで、スタートダッシュの練習をしているときでした。急に為末さんに「次、秋本がやってみなよ」と振られました。準備もしていなかった僕は、これまでの為末さんの指導を見よう見まねで進めていきました。なんとかそのセクションを終わらせホッとしていると、帰りの車の中で為末さんにこう言われました。

「話すスピードが早すぎるよ。あれだと子どもたちは、わからないよ」

　私からすると、自分ではあんなにゆっくり話しているつ

もりなのに、もっとゆっくり話さないといけないのかと、自分が思っていることとは真逆の指摘でした。

気になった私は、あるかけっこ教室の際に自分の指導風景を動画で撮影してみました。

終わったあとで見てみると、話すスピードが早い、間がない、抑揚もない、自信がない練習メニューのときは無駄に説明が長い、子どもたちの目を見て話していない、子どもたちに見本を見せる角度が悪い……ひどいものでした。

このとき、現役時代に為末さんに走り方の指摘を受けたことを思い出しました。あのときと同じだと。自分が思っている動き、行動ができていないと。

半年が経過し、渋谷区さんからの委託事業も終わり、当時業務委託を受けていた会社ともうまくいかず、とても生活できる状態ではありませんでした。理想と現実のギャップで体重は8キロ減り、ストレスで2回入院しました。引退してすぐに周囲から言われた「無理だ」「できない」という言葉が何度も頭をよぎりました。やはり無理だったのか。何度もそう思いかけました。

そこで、自分が競技者のときと今と何が違うのかを、根

本的に考えるようになりました。競技者のときに私は「あること」をして3年のスランプを脱出することができました。それはもちろん、この本に書かれている正しい走り方を身につけたこともあります。

　ただし、その取り組みを行う前に「夢」と「目標」の違いを考えたのです。「夢」と「目標」の違いを読者の皆さんはご存知でしょうか？　国語辞典を引くとこう書いてありました。

「夢」将来実現させたいと心の中に思い描いている願い。理想。希望。

「目標」ある活動や課題に取り組むときに、一定期間後に実現する状態のこと。

　なんら変わらないと思っていた意味が、まるで違っていたのです。初めて実業団に所属したとき、会社から毎月の給料をもらい競技ができる環境を得ました。これでやっと心置きなく陸上ができる。
　その環境への甘えがいつか自分の「夢」をかなえられたらいいなという、ただの理想になっていたときのことを思い出したのです。

今の私の「夢」と「目標」はなんなんだろう。現役のときはオリンピックを目指し、すべてを逆算して「目標」を立てて、そのゴールに向かって生きる日々が当たり前だと思っていました。引退した今、明確な「夢」も「目標」もない。何に向かって生きているかわからなかったのです。

　そこで、競技者を終えて指導者として歩き出そうとしている今、覚悟を決めて自分の「夢」と「目標」を設定したのです。当時の私の夢と目標はこうでした。

「夢」人の足を速くする職業を確立する。

「目標」年間小学生を新規で1200人、プロアスリート15人を指導する。

　夢には希望を、目標には具体的な数字を入れました。当時、スケジュール管理、メール対応、現場で指導するうえでの金額の交渉もすべて自分でやっていました。最低限自分が生きていける分だけでもなんとかしようと思い始めたのが、今から6年前のことです。

　現場で指導する際にとにかくわかりやすくシンプルな指

導を心がけました。そうした指導の積み重ねによって、子どもたちにどういった表現なら伝わるのか、どういったトレーニングをどういう順番でやれば足が速くなっていくのかが、わかるようになってきました。

　毎回毎回、前回を超える最高の指導をするんだと気づけば、現役のときに試合で自己ベストを出しにいく心境とまったく同じなのだと実感するようになりました。

　子どもたちが速くなったと笑顔が次第に増えていく姿を見たり、わざわざ学校や生徒からの感想文を送っていただき、その文章を読むと本当に良かったと幸せな気持ちになりました。

　徐々に指導する機会も増えていき、目標として立てた数字を大幅に更新するまでになりました。もっとも多かった年で、小学生を指導した数は年間1万1557人でした。

　わかりやすく、シンプルに。この自分のなかの指導理念は一流アスリートにも生かされました。一流アスリートだからといって、陸上選手同士で会話するような複雑な表現や感覚を共有しても伝わりません。小学生に話すように、とにかく基本的なことを伝えることから始めていきました。

選手の皆さんから「わかりやすい」と言われることが本当にうれしいです。そして、指導するたびに走り方が変化していく。選手が満面の笑みで、「全然感覚が違うんだけど!」と走って帰ってくる姿を見ると、心からうれしく幸せな気持ちになります。

　自分が競技者のとき、自己ベストを出す。結果を残す。あのときの気持ちと同じもしくはそれを超える喜びと達成感がありました。今現在までに、プロ野球選手6球団146名、プロサッカー選手は男女合わせて32クラブ190名の選手と出会うことができました。

　その経験を重ねていったとき、自分自身これが天職なんだと自然と感じるようになりました。競技者として大きい経験は残すことはできませんでした。しかし、走ることが大好きで、競技者を退いても誰かの足を速くしたいというその思いは、どんどん強くなっています。

「スプリントコーチ」

　7年前に絶対に無理だと言われてから、自信をなくしかけたときは何度もありました。でも、今は自信をもって自分の職業を言えます。

私の今の「夢」は、走ることを文化にすることです。

　どのスポーツ選手も子どもたちも速く走るために走り方を教わる、怪我をしないために走り方を習う、どの球団もどのクラブにも、当たり前のようにスプリントコーチがいる。そんな世の中にしていきたいのです。

　競技をしているときは、自分よりも足の速い人が誰で、どこにいるかが一目瞭然でした。
　でも、今は違います。自分よりも優れた指導者はこの世の中に何人いるか、どこにいるかは簡単に測れるものではありません。自分自身の求める理想のコーチングを目指し、常に自分の前を誰かが走っている。現役のときのように自分より速く強い選手に勝ちたい。そんな想いは絶対に忘れずに生きていきたいのです。

　どんな人でも絶対に速くすることができる、最強の走り方をこれからも追い求めて。

スプリントコーチ
秋本真吾

参考文献

藤村美歌・篠原康男・前田正登(2014)「小学校高学年の児童における疾走速度推移に関する研究」『日本陸上競技学会誌12（1）』pp.21 - 32、日本陸上競技学会。

小林海・大沼勇人・高橋恭平・松林武生・広川龍太郎・松尾彰文・杉田正明・土江寛裕（2017）「桐生祥秀選手が10秒の壁を突破するまでの100mレースパターンの変遷」『陸上競技研究紀要 13』pp.109-114、日本陸上競技連盟。

松尾彰文・持田尚・法元康二・小山宏之・阿江通良（2010）「世界トップスプリンターのストライド頻度とストライド長の変化」『陸上競技研究紀要 6』pp.56-62、日本陸上競技連盟。

Krzysztof M. & Mero A.(2013)「A Kinematics Of Three Best 100M Performances Ever」『Journal of Human Kinetics 36』pp.149-161, Academy of Physical Education(Poland).

川本和久(2008)『2時間で足が速くなる！- 日本記録を量産する新走法 ポン・ピュン・ランの秘密』ダイヤモンド社。

NHKスペシャル取材班(2013)
『42.195kmの科学 マラソン「つま先着地」vs「かかと着地」』角川書店。

有賀誠司(2007)『競技スポーツ別ウエイトトレーニングマニュアル』体育とスポーツ出版社。

Football LAB(2016)「トラッキングデータから見るJリーグとブンデスリーガの違いとは？」<http://www.football-lab.jp/column/entry/663/>(アクセス日:2016年12月28日)

秋本真吾（あきもと・しんご）

1982年4月7日、福島生まれ。400mハードルにおいてオリンピック強化指定選手にも選出。2010年には男子200mハードルで当時アジア最高記録、日本最高記録を樹立。2012年6月に引退後、本格的に指導者として活動を開始。スプリントコーチとして、阪神タイガース、オリックス・バファローズなどプロ野球、プロサッカー、アメリカンフットボール、ラグビーチームなどに走りの指導を展開。個人指導でも浦和レッドダイヤモンズのサッカー選手を筆頭に、これまでに野球選手6球団146名、サッカー選手32クラブ190名の指導を展開。また、トッププレーヤーだけではなく、全国で子どもたちの走り方教室なども幅広く展開。2015年にはNIKEと契約し、NIKE RUNNING EXPERT、NIKE RUNNING COACHに就任。著書に『スプリント力を上げる！つま先力トレーニング』(KADOKAWA/角川マガジンズ)、『DVDでゼロから学べる！小学生のための走り方教室』(ベースボール・マガジン社)がある。現在は「速く」走るためのスプリント指導のプロフェッショナル集団0.01 SPRINT PROJECT代表も務める。

STAFF
構成　　　北健一郎
撮影　　　浦正弘　松岡健三郎　岡野進司（プレイサイド）
イラスト　内山弘隆
デザイン　坂井栄一（坂井図案室）
校正　　　月岡廣吉郎　村松進　安部千鶴子（美笑企画）
編集　　　苅部達矢

SPECIAL THANKS
布施伊織（ポリバレント株式会社）
鷲野哲平（0.01 SPRINT PROJECT）
岩崎　領（0.01 SPRINT PROJECT）

一流アスリートがこぞって実践する
最強の走り方

第1刷　2019年2月28日
第5刷　2021年4月30日

著　者　秋本真吾

発行者　小宮英行
発行所　株式会社 徳間書店
　　　　〒141-8202 東京都品川区上大崎3-1-1 目黒セントラルスクエア
電話　　編集03-5403-4344／販売049-293-5521
振替　　00140-0-44392
印刷・製本　大日本印刷株式会社

本書の無断複写は著作権法上での例外を除き禁じられています。
購入者以外の第三者による本書のいかなる電子複製も一切認められておりません。
©2019 Akimoto Shingo , Printed in Japan
乱丁・落丁はお取り替えいたします。
ISBN978-4-19-864786-5